ein Ullstein Buch

ÜBER DAS BUCH:

Jeder kennt Inge Meysel als Frau Scholz in den »Unverbesserlichen« oder als Mrs. Harris sowie in zahllosen anderen Fernseh- und Bühnenrollen. Weitgehend unbekannt aber sind die Quellen, aus denen diese große Schauspielerin und streitbar engagierte Bürgerin bis heute mit unversiegbarer Kraft schöpft – Kindheit, Jugend, die ersten durchschlagenden Erfolge, das Berufsverbot im Dritten Reich und das Bangen um das Leben des Vaters sowie der eigentliche Beginn einer singulären Karriere nach 1945.
Über diese »verborgenen Jahre« berichtete Inge Meysel dem Autor in mehreren ausführlichen Gesprächen, die auf Tonband festgehalten wurden. Daraus entstand ein authentisches, äußerst lebendiges Porträt, das den berühmten, unverkennbaren Originalton der formulierungsfreudigen Künstlerin dem Leser geradezu akustisch vermittelt.
Darüber hinaus dokumentiert das Buch anhand einer Fülle zeitgenössischer Zeugnisse aus Literatur und Alltag die Kultur- und Zeitgeschichte der Kaiserzeit, der Weimarer Republik, des Dritten Reiches und der sogenannten Stunde Null – Texte, die ebenso amüsant zu lesen sind wie auch betroffen machen.
Es gelingt dem Autor auf faszinierende Weise, eine facettenreiche, liebevoll-kritische Biographie vor einen minutiös recherchierten Hintergrund zu stellen – im Memoiren-Wald unserer Tage eine Delikatesse!

DER AUTOR:

Maurus Pacher, 1941 geboren, war mehrere Jahre als Feuilletonchef der *tz* in München Opern-, Schauspiel- und Ballettkritiker. Er schrieb Texte für die Münchner Lach- und Schießgesellschaft und Chansons für Michael Heltau, Margot Werner und Evelyn Künneke. Er ist Drehbuchautor der musikalischen Reisesendungen »Scusi, wo liegt Belcanto?«, »Donaumelodie« und »Ostseemelodie« im ZDF und verfaßte das Buch zu dem Fernsehfilm »Alte Sünden rosten nicht« mit Gert Fröbe. Am Theater inszenierte er Sartres »Geschlossene Gesellschaft« und »Die Fliegen« sowie »Die Zofen« von Jean Genet. 1987 erschien bei Ullstein sein Buch »Sehn Sie, das war Berlin – Weltstadt nach Noten«, das bisher einzige Standardwerk über die Geschichte der deutschen Unterhaltungsmusik. 1991 folgte »Ohne Kostüm und Maske – Die andere Operngeschichte«. Pacher lebt als freier Schriftsteller in München.

Maurus Pacher

Inge Meysel – Die verborgenen Jahre

Die nicht autorisierte Biographie

Mit 8 Abbildungen

ein Ullstein Buch

ein Ullstein Buch
Nr. 22829
im Verlag Ullstein GmbH
Frankfurt/M–Berlin

Originalausgabe

Umschlagentwurf: Hansbernd Lindemann
Umschlagabbildung: Bildarchiv Engelmeier, München

Printed in Germany 1991
Satz: Filmsatz Schröter, München
Druck und Binden: Ebner, Ulm
ISBN 3 548 22829 1

November 1991

Bildnachweis

Archiv: Seiten 8, 24, 154, 162; Süddeutscher Bilderdienst, München: Seite 146; Theatersammlung der Universität Hamburg: Seite 186, (Foto Gabriele du Vinage) Schutzumschlag-Rückseite (Foto Rosemarie Clausen); Ullstein Bilderdienst, Berlin: Seiten 96, 103

Foto auf der Schutzumschlag-Rückseite:
Inge Meysel als Dorine in »Tartüff« von Molière,
Thalia-Theater, Hamburg 1946

Die Deutsche Bibliothek – CIP-Einheitsaufnahme

Meysel, Inge:
Die verborgenen Jahre: Die nicht autorisierte Biographie /
Inge Meysel; Maurus Pacher. – Orig.-Ausg. –
Frankfurt/M; Berlin: Ullstein, 1991
(Ullstein-Buch; Nr. 22829)
ISBN 3-548-22829-1
NE: Pacher, Maurus [Bearb.]; GT

Inhalt

»Kataströphchen ist nah!«

Wenn die Experten recht behalten hätten – doch gottlob irren sie meist –, gäbe es diese Geschichte nicht. Und uns ebensowenig.

Für den 18. Mai 1910 nämlich, der wenige Tage vor der Geburt unserer Heldin lag, war der Weltuntergang angesagt. Denn der Halleysche Komet näherte sich zum ersten Mal seit 1835 wieder der Erde. Den diesmal unvermeidlich zu erwartenden Zusammenstoß hatten nicht bloß dubiose Scharlatane und ewigkeitssüchtige Fanatiker prophezeit. Selbst Camille Flammarion, der Direktor der Pariser Sternwarte, eine unbestrittene Autorität auf seinem Gebiet, sagte auf Grund präzisester Berechnungen die Apokalypse voraus.

Die Hysterie hielt sich dennoch in Grenzen. In Wien gab's am 11. Mai 1910 als Vorgeschmack wenigstens ein kleines Erdbeben, das Ängstliche zum Anlaß nahmen, sich auf den Semmering zu flüchten. Als ob das im Ernstfall geholfen hätte. Es handelte sich ja schließlich um keine Sintflut.

Den Berlinern war der Komet schnuppe, sofern sie mit ihm nicht geschäftliche Beziehungen unterhielten. Das Gustav-Behrens-Theater in der Goltzstraße annoncierte: »Der neueste u. größte Schlager: *Die Welt geht unter am 18. Mai*, Große Posse mit Gesang und Tanz.« Und eine Bühne am Alexanderplatz empfahl: »Benutzen Sie die Ihnen noch verbleibende Zeit und besuchen Sie regelmäßig das Union-Theater.«

Schließlich behielt Monsieur Flammarion nicht ein-

Offizielle Erinnerungskarte an den Untergang der Welt am 19. Mai 1910

mal mit seiner Zeitangabe recht. Der »Durchgang der Erde durch den Kometenschweif« fand erst zwischen fünf und sechs Uhr am Morgen des 19. Mai statt. Und von der Sternwarte in Treptow wurden lediglich »eigenartige Dämmerungserscheinungen« beobachtet, was an einem Maimorgen um diese Uhrzeit so ungewöhnlich ja auch wieder nicht ist. »Der Positionsstern des Halley-Kometen, die Venus«, stellte das abschließende Kommuniqué lakonisch fest, »erstrahlte in voller Schönheit, der Komet dagegen war sogar mit dem großen Fernrohr nicht zu entdecken.«

Da konnte sich im Herbst darauf die große Jahres-Revue im Metropol-Theater, *Hurra! Wir leben noch!* leicht lustig machen:

»Neuster Bericht aus dem Sternengewimmel!
Neuste Depesche vom Sternschnuppenhimmel!
Kinder, 's wird Ernst, Kataströphchen ist nah!«

Inzwischen war, was unsere Geschichte betrifft, das Kataströphchen schon längst da, hatte am 30. Mai 1910 das Licht der ein weiteres Mal verschont gebliebenen Welt erblickt: in Rixdorf nicht weit von der Treptower Sternwarte – ein Sternchen, das in den Ephemeridentafeln von Moral, Religionszugehörigkeit und Standesbewußtsein Unordnung stiftete. Insofern hatte der Halleysche Komet doch ausgestrahlt, und sei es denn in dem Trotz, der seinem Kommen entgegengesetzt wurde:

»Lustig gelebt und selig gestorben,
heißt dem Kometen die Rechnung verdorben.
Muß es durchaus denn geschieden sein,
sei's bei den Weibern, dem Witz und dem Wein!«

Julius Meysel, Jahrgang 1891, und die ein gutes Jahr jüngere Margarethe Dagmar Antonie Luise Hansen, beide nach dem Buchstaben des Gesetzes noch minderjährig, hatten sich mit allen Konsequenzen ineinander verliebt. Zum Entsetzen der jeweiligen Familienvorstände.

Der Däne Peer Hansen, der in der Koppenstraße ein Rauchwarengeschäft betrieb – ungewöhnlich, war doch der Pelzhandel eigentlich jüdische Domäne –, wollte, wie Inge Meysel sich ausdrückt, »keinen jüdischen Schwengel, der seine Tochter schwängert«.

Regine Meysel ihrerseits, fromme Jüdin und großbürgerlich aufgewachsen, hatte mit ihrem jüngsten Sohn andere Pläne als die Heirat mit der Tochter eines Kleinbürgerlichen. Sie selbst stammte aus der hochangesehenen Breslauer Familie der Guttentags. Als Kaiser Wilhelm II. einmal in der Stadt weilte, wurden ihm unter anderen vorgestellt: »Ratsherr Guttentag, Professor Guttentag« und so weiter. Und angeblich – zuzutrauen wäre es seiner Neigung zu unglücklichen Bonmots ja – soll sich seine Majestät huldvoll zu der Bemerkung herabgelassen haben: »Nichts ist schwerer zu ertragen als eine Reihe von guten Tagen.«

Dies übrigens empfand auch Regine Guttentag. Sehr jung war sie in die Ehe mit einem wesentlich älteren Mann gezwungen worden. Als er noch vor der Geburt seines dritten Sohnes Julius starb, wollte sie von ihrer Familie nichts mehr wissen, ging nach Berlin und begann sich ihr eigenes Leben einzurichten. Das war zu Beginn der neunziger Jahre des vorigen Jahrhunderts ein unerhörtes Unterfangen und außerdem ein Affront gegen die unauslöschlichen Gesetze einer rechtgläubigen jüdischen Familie.

Regine war tüchtig. Schon als Mädchen hatte sie ihre Kleider heimlich umgenäht, weil ihr nicht gefiel, in was sie von ihrer noch viel frommeren Mutter gesteckt wurde. Nun begann sie in der Reichshauptstadt, die in ihrem Expansionsdrang geradezu explodierte, Blusen zu nähen. Binnen zehn Jahren gebot sie über dreißig Näherinnen und war zu einem Begriff in der Konfektion geworden. Eine Leistung, die zwangsläufig Härte abverlangte, wenn man konkurrenzfähig sein wollte. Denn karg war in jenen Zeiten der Näherinnen Brot. Sie zählten zu den Opfern des Molochs Großstadt, auch wenn sie nicht schwindsüchtig waren und bedichtet wurden.

Andererseits hatte die Konfektion ein erotisches Flair, wie wir es uns heute angesichts ausgezehrter Mannequins schwer vorstellen können. Rudolf Nelsons berühmtes Chanson vom »Ladenmädel« aus dem Jahr 1904 – und da stehen wir bereits kurz vor der Mannbarwerdung der Söhne der zielstrebigen und energischen Regine Meysel – beschreibt den Rausch des Wäsche-Fetischismus:

»Erst kamen die Blusen und Kleider,
und dann die Jupons voller Plis,
darauf die Dessous und so weiter,
und dann, und dann kam sie.«

In aller Zweideutlichkeit.

Regine Meysel wurde für ihre Oberherrschaft über dreißig Näherinnen denn auch mit geradezu alttestamentarischer Unerbittlichkeit bestraft. Alle drei Söhne taten ihr den Schmerz an, Christinnen aus dem Dunstkreis der Konfektion zu heiraten: Karl, der Älteste, ein Pelzmannequin; Harry, der zweite, eine Verkäuferin bei Tietz. Und dann noch die Geschichte mit Julius ...

Es war eine Geschichte der Ideal-Maße. Die Normalfigur der Berliner Konfektion hieß – im nachhinein mit makabrer Assoziation belastet – Fräulein »Gelbstern«. Ihr folgten auf dem absteigenden Aste der Schönheit und dem anschwellenden der Gestalt: Frau »von Weißstern«, schon etwas angegilbt; Frau »Grünstern«, deren üppige Fülle an orientalische Abstammung gemahnte; und schließlich die gute Tante »Rotstern« in der ganzen gesättigten Behäbigkeit der dicken Bierbrauersgattin, welche über alle heißen Stürme des Lebens hinaus ist.

Es handelte sich dabei keineswegs um Phantome;

denn wie stets und überall versuchte die Weiblichkeit, den Vorgaben der Mode-Diktatoren möglichst zu gleichen. 1897 lieferte der Ratgeber »Die Berlinerin« die Psychologie zur Figurine: »Viel liebenswürdiger, aber auch viel gefährlicher erscheint mir immer jenes ›Gelbsternchen‹ der großen Konfektions-Magazine, weil sich hier meistens eine seltene Grazie, eine außerordentlich biegsame, elegante Figur mit reizend angelernter Liebenswürdigkeit vereinigt ... Häufig von allerlei Nachstellungen umgeben und gelegentlich auch einmal verstohlen an dem überschäumenden Freudenbecher nippend, bleibt sie doch gewöhnlich im Rahmen einer etwas verfeinerten kleinbürgerlichen Existenz, und wenn sie ihren Liebhaber ›mit ernsten Absichten‹, der irgendwo einen Buchhalter-Posten bekleidet, geheiratet hat, dann steht sie ihm treulich beim Erwerb zur Seite und verschönt ihm durch immerwährende Lebenslust und Dankbarkeit sein Heim.«

Zwölf Jahre später hatte sich an der Verläßlichkeit dieser Angaben offenbar nicht allzuviel geändert. Und ein Korsett mit langer Taille und kurzer Hüfte aus naturellfarbenem Extra Prima Drell gab es ab einer Taillenweite von 48 Zentimeter bereits für sechs Mark fünfzig, was dem Wochenlohn einer Wäsche-Arbeiterin entsprach (woraus man ersieht, daß es diese armen Geschöpfe zu nichts bringen konnten).

Gretchen Hansen verfügte von Natur aus über eine solche Wespentaille. Und es machte Julius Meysel verrückt, daß er sie mit beiden Händen umfassen konnte. Als nun bald evident wurde, daß der Griff um die Taille nicht ohne Folgen geblieben war, wollte sich Gretchen nicht des sichersten Unterpfandes für die Dauerhaftigkeit der Liebe berauben und schnürte »unendlich«.

Das ging praktischerweise so vor sich, daß die Bänder des Korsetts an eine Türklinke gebunden wurden, worauf jemand die Tür langsam schloß, während die Korsett-Trägerin weiter in den Raum strebte, bis das Ziel erreicht war. So jedenfalls berichtet es das im Mutterleib eingeschnürte Opfer und beschließt die pränatalen klaustrophobischen Erinnerungen mit der trockenen Mutmaßung: »Daß ich an allen Gliedern gesund geboren wurde, kann ich mir nur so erklären, daß ich mich in dieser Frau ungeheuer verkrümelt habe.«

Unwahrscheinlich ist an dieser Geschichte allerdings, daß Gretchen sich in so konfektionskundiger Umgebung veralteter Methoden bediente, wo gerade eben das Versandhaus L. Dukelsky in der Warschauer Straße seine »Aufsehenerregende Neuheit für Damen!« anpries: »Für empfindliche Damen allerneuester vollständiger Korsettersatz Rapid, ohne Schließe und ohne Schnürung, einfacher Zug und Druck genügt zum An- und Auskleiden. Kein

Druck auf die Organe. Qualität 100: bestehend aus prima Satindrell, modefarben und weiß, mit 4 eleganten Seidengummi-Strumpfhaltern mit neuestem Patentverschluß nur 12.50 M.«
Wie auch immer – der stolze Däne Peer Hansen ließ sich von den Nesteleien seiner verrückten 17jährigen Tochter nicht in die Irre führen und war seinerseits wie ein Irrer dahinterher, daß die Sache ihre Richtigkeit bekam. Eine kirchliche Trauung war wegen der Verschiedenheit der Religionen und den strengen Auffassungen der jeweiligen Familien-Oberhäupter nicht möglich und damit auch nicht nötig. Die standesamtliche sollte im Januar 1910 stattfinden. Sollte.
Vor der hohen Obrigkeit erschienen um zwölf Uhr mittags das Brautpaar, Peer Hansen als Vater der Braut und Bruder Harry als Zeuge von Julius. Worauf ihnen der Standesbeamte mitteilte, daß er die Amtshandlung leider nicht vornehmen könne. Die Papiere aus Dänemark, in denen Margarethe Dagmar Antonie Luise Hansen für volljährig erklärt werden sollte, seien noch nicht eingetroffen. Vergeblich der berechtigte Einwurf von Peer Hansen, daß er als Vater schließlich die Erlaubnis zu geben habe. Der Amtsschimmel wieherte nicht einmal.
Nun war guter Rat teuer. Für zwei Uhr nachmittags war die Hochzeitsfeier angesetzt. Und sie konnten unmöglich im Festsaal ankommen und mitten im

Januar »April, April« rufen. So beschlossen die vier Verschwörer, daß das Paar für alle Welt getraut sein sollte, und tauschten Eide, über den wahren Sachverhalt zu schweigen wie ein Grab.

Peer Hansen hatte ein für seine Vorstellungen großes Fest gewollt, mit sechzig Leuten. Es waren hundert, weil Regine Meysel nach dem Tort, den das Schicksal ihr angetan hatte, zumindest verhindern wollte, daß der Brautvater die Hochzeit alleine ausrichtete. Zumal, wie sie sich ausdrückte, von seiner Seite ohnehin nur »Gesocks« hinkäme. Sie füllte also mit ihrer Elitetruppe auf, was bedeutete, daß die sechzig und die vierzig entsprechend gesetzt werden mußten. Die Buntheit der Gesellschaft, die mit Abgrenzungen voll ausgelastet war, verhinderte wohl, daß die betrapsten Mienen der Vierer-Bande auffielen.

Um vier Uhr nachmittags verließ das Brautpaar ohnehin das Fest, um sich für die Hochzeitsreise umzukleiden, und fuhr dann unbekümmert an den Lago Maggiore, mit dem Ungeborenen als Konterbande. Taff, wie Julius Meysel war, füllte er in den Hotels die Anmeldeformulare mit nicht zutreffenden Angaben aus.

Nun könnte man sich fragen, ob die Portiers, denen gemeinhin ein zweites Gesicht nachgesagt wird, wirklich so unausgeschlafen waren. Ferner, was für Flitterwochen das wohl mitten in einem Winter waren, der gewiß auch damals im südlichen Tessin keiner war und erst recht nicht in der nördlichen Lombardei, die für ihr Schmuddelwetter berüchtigt ist. Doch in jenen Zeiten frequentierten Reisende – zumal ein verliebtes Brautpaar – meist die Innenräume der Hotels. Sonnenschein schadete dem Teint. Frische, würzige Luft diente vor allem dem letzten Therapie-Versuch für Lungenkranke. Und überhaupt wurde die Landschaft durch die spöttisch-selbstironische Brille des Berliners gesehen, der da beim Anblick der Alpen sprichwörtlich meinte: »Janz nette Berge; aber wenn se bei Berlin ständen, wär'n se natürlich noch viel höher!«

Mysteriöser war nach der Heimkehr der Einzug des jungen Paars in eine Wohnung in Rixdorf. Dort hatte eine besonders gründliche Feuersbrunst 1849 viel Platz geschaffen, der in den Gründerjahren nach 1871 nicht mehr weidlich, sondern städtebaulich genutzt wurde. Gerade hier schossen die Mietskasernen mit ihren vielen Hinterhöfen wie Pilze aus dem Boden. Weshalb der Vorort sinnigerweise die »Schlafstube der Berliner Arbeiter« genannt wurde. Preußens größtes Dorf hatte 1899 zwar Stadtrecht erhalten. Dennoch versteifte sich im ersten Jahrzehnt des neuen Jahrhunderts die Meinung, daß dort kein anständiger Mensch leben könne.
Die Skandalchronik berichtete regelmäßig über das »lockere und wüste Treiben« in den Gaststätten rund

um den Hermann-Platz. Und dann gab es auch noch den besonders populären Schlager »In Rixdorf is Musike«:

»Uff den Sonntag freu ick mir,
ja, dann jeht et 'raus zu ihr,
feste mit verjnüchtem Sinn
Pferdebus nach Rixdorf hin.
Dort erwartet Rieke mir –
ohne Rieke keen Pläsir ...«

Nach dem Willen der ansässigen Bürger sollte es in Rixdorf »feiner« werden, schon, um solide Anleger zu gewinnen. Am 27. Januar 1912 erteilte Wilhelm II. dem Magistrat schließlich die Genehmigung, die Stadt in Neukölln umzubenennen.
Zwei Jahre vorher aber war in Rixdorf noch Musike drin. Keine Gegend also, in der reputierliches Berliner Bürgertum in der letzten Blüte der Kaiserzeit üblicherweise seinen flügge gewordenen Nachwuchs ansiedelte. Auch daß es eine »süße kleine Wohnung« von zweieinhalb Zimmern war, entsprach nicht unbedingt dem standesgemäßen Anspruch, der mit dem Stereotyp von den »eigenen vier Wänden« höchst dezent definiert war. Möglicherweise lag es einfach daran, daß Gretchens Lizenz zu heiraten merkwürdigerweise immer noch nicht eingetroffen war und die Familien das Paar vorläufig auf sichere Distanz bringen wollten – auch zur Schonung ihres eigenen Rufs.

Darum blieb es auch Julius Meysel vorbehalten, dem Hauswirt beizubringen, daß er ein ungetrautes Pärchen beherbergte. Denn Peer Hansen, der den Mietvertrag abgeschlossen hatte, hätte sich das nie getraut. Und es zeugt ein weiteres Mal von der lockeren Rixdorfer Mentalität, daß der Hauswirt schmunzelte, sich amüsierte und außerdem auch noch fand: »Nun machen Se mir viel mehr Spaß!«

In dieser Zweisamkeit weit weg vom Schuß begann Gretchen, einen wahren Heißhunger auf saure Heringe zu entwickeln. Die Familiensaga kündet, daß der bedauernswerte Julius oft mitten in der Nacht losstiefeln und Kneipen suchen mußte, wo es frische saure Heringe gab. Und wenn er dann nach einer Stunde ermattet zurückkam, konnte es geschehen, daß die kapriziöse Schwangere ihm doch glatt mitteilte: »Jetzt habe ich keinen Appetit mehr!«

Nun behauptet ein Ausspruch über jene goldenen Zeiten der Berliner Klein-Gastronomie, daß eine übliche Berliner Straßenkreuzung vier Ecken und fünf Eckkneipen gehabt hätte. Und in jeder dieser Budiken und Destillen thronten auf dem Tresen hohe offene Glasbehälter in feierlicher Trinität: der erste gefüllt mit sauren Gurken, der zweite mit Soleiern und der dritte mit Rollmöpsen.

In Rixdorf war das nicht anders. Da gab – und gibt – es in der Hasenheide außerdem das Vergnügungslokal »Neue Welt«, nur einen Katzensprung von dem

bereits erwähnten Hermann-Platz. Doch nehmen wir an, daß Julius Meysel als echter Berliner (und die kamen meist aus Posen oder Oberschlesien) nicht gerne zu Fuß ging – dann war die Stunde bis zur Kneipe um die Ecke und zurück reichlich gefüllt und die plötzliche Appetitlosigkeit der werdenden Mutter doch nicht bloß eine typische Laune.
Allzu häufig wird die Süchtige den »Stoff« auch nicht verweigert haben. Denn das werdende Geschöpf im Mutterleib wurde später närrisch nach Rollmops und wild auf Gurken. Und noch eine weitere frühe Prägung scheint sich ereignet zu haben. Die süße kleine Wohnung hatten Peer Hansen und – sehr zu seinem Zorn – Regine Meysel gegeneinander eingerichtet: ein Konglomerat von sehr teuren, prachtvollen und nicht ganz so teuren, aber sehr entzückenden Sachen. Und wer dächte da nicht entfernt an die kecken und bisweilen vielleicht etwas gewagten Kombinationen, die den ganz persönlichen Charme von Inge Meysels Kleidung ausmachen.

Zuerst einmal aber mußte sie geboren werden. Auch da war bereits vorgesorgt. Sowohl Peer Hansen und seine Frau Anna, geborene Blümcke aus Dessau, die neben der Tochter acht Söhne ihr eigen zählten, als auch Regine Meysel mit ihren drei Söhnen waren felsenfest davon überzeugt, daß es auch diesmal ein Junge würde. Die Wiege war blau. Die Windeln, die

Hemdchen und die Strampelhöschen, die gut und gern bis zum zweiten Geburtstag gereicht hätten, waren blau. Selbst das obligatorische Eisbärenfell war in der Wolle hellblau gefärbt.

Da warteten sie nun im Eßzimmer zusammen mit dem gerade Neunzehnjährigen, der das alles verschuldet hatte, auf die Ankunft des jüngsten Stammhalters, während die Wöchnerin im Schlafzimmer bei der Niederkunft einiges auszustehen hatte. Gretchen hatte sich geweigert in eine Klinik zu gehen, in der die Schande offenbar geworden wäre. So gab es eine Hausgeburt, deren Aufwand in Rixdorfer Kreisen nicht gerade zum Alltag gehörte. Aus dem Stralauer Viertel eilte der alte Doktor herbei, der schon alle Kinder von Anna Hansen geholt hatte. Und da er der bereits anwesenden Rixdorfer Hebamme nicht traute, hatte er seine eigene mitgebracht.

Um acht Uhr morgens am 30. Mai ertönte endlich jener Schrei, der eindeutig von einem Neugeborenen stammen mußte. Und nach einer weiteren Frist ängstlicher Erwartung erschien im Eßzimmer die Hebamme (welche, ist nicht überliefert): »Es war eine Zangengeburt. Aber ich bringe es gleich, das Baby.«

Die erste Sorge der geburtengeprüften Großmutter Anna war: »O Gott, wo ist die Narbe?« Die anderen gratulierten sich gegenseitig zum Erben und Kronprinzen. Dann erschien die Hebamme abermals und brachte mit sich ein schwarzhaariges Bündel, dicht behaart wie ein kleiner Affe, rot angelaufen, schreiend, verzweifelt, daß es in diese Welt gesetzt worden war. Ganz und gar so also, als ob der Komet doch seinen Schweif im Spiele gehabt hätte. Julius Meysel aber ging stolz auf dieses merkwürdige Etwas zu und strahlte: »Endlich, endlich ist er da, mein Junge!« Worauf die Hebamme kühl bemerkte: »Momang mal, da fehlt denn allerdings 'ne Kleinigkeit!« und die Windel zurückschlug. Und in der Tat – der ersehnte Kronprinz war ein Mädchen.

Die Gruppe verharrte stumm, bis die sachliche Großmutter Regine das Schweigen brach: »Und was fangen wir nun mit dem Geschirre an?« Alle wendeten sich dem Tisch zu, auf dem wie Kultgegenstände ein kleiner tiefer und ein kleinerer flacher Teller sowie ein Becherchen standen – alle geschmückt mit zwei Hähnen, die ein kunstvoll verschlungenes goldenes »J« in ihren Krallen hielten. Dieses »J« stand für Johnny.

Beide Familien hatten nämlich einen Pferdetick und waren Stammgäste auf der Trabrennbahn Mariendorf. Peer Hansen hatte viel Geld dort gelassen, Regine Meysel war auch nicht gerade sparsam gewesen. Julius Meysel und seine Braut verehrten besonders den Sulky-Fahrer Johnny Wills. Und nach dieser Berühmtheit hätte der Junge heißen sollen. Die Familie also blickte stumm auf dem ganzen Tisch herum. Und keiner dachte in diesem Augenblick an die kleine Person, die einen Monat vor ihrem achtzehnten Geburtstag in Halbnarkose im Nebenzimmer vor sich hindämmerte, dennoch auch sie im Innersten gewiß, daß sie einem Jungen das Leben geschenkt hatte.

Einige Tage später mußte der Erzeuger seinerseits den sauren Gang zum Standesamt Rixdorf antreten. Da Theater neben der Rennbahn seine zweite Leidenschaft war, hatte er sich schlau ausgedacht, daß man das »J« in ein »I« umdeuten und das Kind Inger nennen konnte – so wie in Ibsens Stück *Frau Inger auf Östrot*.
Der Beamte studierte die Papiere und schaute dann über seinen Zwicker: »Was woll'n Sie hier überhaupt? Wer sind Sie?«
»Ich bin Julius Meysel, der Vater!«
»Ob Sie der Vater sind, kann ich nicht beurteilen. Aber auf keinen Fall sind Sie die befugte Person. Denn das Kind ist ja eine Hansen, nicht?!«
Julius Meysel nickte beklommen.
»Dann marschieren Sie erst mal nach Hause und schicken mir den Vater der Braut!«
Zwei Tage später ging Peer Hansen den peinlichen Gang und sah sich zu dem Eingeständnis genötigt, daß ausgerechnet sein einziges Prachtmädel ein uneheliches Kind geboren hatte. So hatte er auch

keine Abwehrkräfte mehr, als der Beamte verfügte: »Und so'n Quatsch wie Inger lassen wir man ganz weg. Da nehmen wir doch den schönen deutschen und dänischen Namen Ingeborg!«
Und so wurde Johnny zur Inge gemacht.

Das Geheimnis seiner unehelichen Geburt erfuhr das Kind acht Jahre später durch eine Unachtsamkeit. Es kam der heißersehnte Tag der ersten Schulimpfung. Heißersehnt, weil der verwundete Oberarm mit einer riesengroßen roten Schleife geschmückt werden durfte. Noch Tage danach marschierten die Mädchen mit entsprechend leidendem Blick, aber sozusagen als hochdekorierte Invaliden durch Berlin – ein seltsamer Kontrast zu den feldgrauen Krüppeln, die 1917 im Weichbild der Stadt keine Ausnahmen mehr waren.

Schülerin Inge als Hutmodell im Kaufhaus

Beim ersten Anlauf aber kam Inge um den Genuß der kleinen Verwundung und der großen Schleife. Hinter dem Katheder saß die Lehrerin mit einer Ärztin. Sie riefen die Kinder aus den Stammbüchern auf, in die die Impfungen eingetragen werden mußten.

»Ingeborg Hansen!«

Es meldete sich niemand.

»Frau Doktor«, sagte die Lehrerin, »die haben wir gar nicht in unserer Klasse.«

»Aber hier steht's! Es muß doch eine Ingeborg Hansen hier sein!«

Da meldete sich unsere Inge: »Ich muß da mal was sagen, das ist wahnsinnig komisch. Meine Mutti, meine Grete-Mutti, ist eine geborene Hansen. Und mein Julius, was mein Vater ist, der heißt Meysel. Und ich bin 'ne Meysel. Sie haben sich unter dem Namen meiner Mutter – haben Sie sich verkuckt.«

Sie rannte nach vorne: »Kucken Sie mal, da muß doch ...«

Die Ärztin blätterte die Seite um: »Ach ja, entschuldige, du bist ja ein paar Monate später anerkannt worden ...«

Wir befinden uns nicht mehr in Rixdorf, wo eine solche Enthüllung mit schadenfrohem Kichern abgetan worden wäre, sondern in der Litthauer Straße im Stralauer Viertel zwischen dem Schlesischen Bahnhof und der Frankfurter Allee, einer bereits etwas besseren Gegend nicht mehr ganz so weit vom Zentrum.

In einer Sekunde, meint Inge Meysel, sei sie die geworden, die sie noch heute ist. Sie riß das Stammbuch runter vom Katheder, fegte raus aus der Klasse, um zwei Ecken in die Cadiner Straße in den ersten Stock, und klingelte Sturm.

Als Gretchen öffnete, hielt sie ihr das Buch vor die Nase: »Was für Schweine wart ihr eigentlich?«

Gretchen lief rot an: »Jetzt hör mir gut zu, mein Kind. Ich werde dir's erzählen. Du bist nämlich ein Kind der Liebe ...«

Und das war nicht bloß so hingesagt, keine formelhafte Beschönigung. Weniger liebevolle oder auch nur hilflosere Geschöpfe der gnadenlosen Großstadt hatten die Möglichkeit, den Makel unehelicher Kinder nach deren Geburt wieder ungeschehen zu machen. Dafür gab es mit inoffizieller Tolerierung der Behörden das Metier der Engelmacherinnen, die unerwünschten Nachwuchs gegen entsprechende Löhnung in Kost und Logis nahmen und mit Gaben von Alkohol und Morphium ohne Spuren äußerer Gewaltanwendung rasch unter die Erde brachten.

Der Schauspielerin und Chansonette Blandine Ebinger kam so ein Fall bei Milljöh-Studien im Wedding noch Anfang der zwanziger Jahre unter: »Eine entsetzliche Altbauwohnung. Parterre ... Der Anblick im ersten Zimmer war so überraschend, daß es mir die Sprache verschlug: Da standen drei kleine Särge. Zwei waren geschlossen, der dritte offen...« Im zweiten Zimmer fand sich das noch ausstehende Opfer. »Sie sieht wie ein Engel aus«, fand die Ebinger. »Ja«, bestätigte die Pensions-Inhaberin, »da fehlen bloß noch die Flügel.« Vollzugsmeldung kam beim nächsten Besuch: »Det kleene Lottchen is nich mehr.«

Die Ebinger aber bekam von ihrem damaligen Ehemann Friedrich Hollaender für den Zyklus »Lieder eines armen Mädchens« über den traurigen Vorfall ein neues Chanson geschrieben, welches sie mit anämischem Ausdruck und piepsig geller Tongebung höchst erfolgreich zum Vortrag brachte:

»Wenn ick mal tot bin und in weißem Seidenkleid
In meinem Sarje lieje mit Bescheidenheit,
Dann fällt die Schule aus,
Dann jeht's zum Kirchhof raus,
Die janze Klasse kommt bei mir ins Trauerhaus,
Die wolln mir alle sehn,
Wenn ick mal tot bin.
Wenn ick mal tot bin,
Ach, det wird zu scheen!«

Selbst ein abgebrühter Rezensent wie Hans Reimann erschrak sich: »›Wenn sie man bloß nich kaputt geht!‹ dachte ich, als ich Blandine das erste Mal sah. Und dann dachte ich: ›Das arme Mädchen, das arme Mädchen...‹ Und war überzeugt, daß sie schwer leidend sei und allerhand Gebresten habe. Ja, Kuchen! Die Ebinger ist stabiler und zäher als wir alle miteinander ...«

Keine Frage, daß auch Inge Meysel, wenn wir all die echten und gespielten Verstörtheiten ihrer Rollenporträts, die beredten und stummen Anklagen gegen das Schicksal in ihrem Blick Revue passieren lassen, ein höchst anrührendes, wenn nicht erschütterndes Lottchen abgegeben hätte. Auf der Bühne, versteht sich.

Doch das Schicksal wollte es anders. Gerade in ihrer ersten Rolle, gerade in der Rolle eines kleinen Engleins erlitt sie jämmerlich Schiffbruch ...

»Sie hat ja eine so süße Mimik!«

Merkwürdigerweise gab es in den bürgerlichen Familien immer einen, der »bei's Theater« war. So auch Paul Hansen, einer von Gretchens Brüdern. Ihm blieb nicht verborgen, daß die kleine Ingeborg ihre frühen Daseinsäußerungen wie Lachen, Weinen und Zeigen mit lebhaften Grimassen unterstrich. Durch seine Vermittlung kam sie bereits mit drei Jahren in »eine Art Ballettschule«. Eigentlich ein Verbrechen, doch Onkel Paul fand: »Ja, aber sie kann doch so süß mitmachen! Sie hat ja eine so süße Mimik!«

Das fand auch die Leiterin des Instituts und betraute Klein-Inge schon bald mit einer äußerst verantwortungsvollen Aufgabe, obwohl ihre roten Haare, in die das struppige Schwarz schon bald nach der Geburt changiert war, sie für einen Himmelsboten nicht unbedingt prädestinierten. Im Königlichen Schauspielhaus in Potsdam, geweiht »dem Vergnügen der

Einwohner«, wurde die Aufführung von Humperdincks Märchenoper *Hänsel und Gretel* vorbereitet. Der Tanzschule oblag dabei die Besetzung und Gestaltung des Auftritts der vierzehn Engel, nachdem Hänsel und Gretel den Abendsegen gebetet haben und auf dem Moos Arm in Arm eingeschlummert sind.

Kein allzu schwierig zu lösendes Problem, würde der Laie meinen. Denn Adelheid Wette, die Librettistin und Schwester des Komponisten, sorgte auch für vermeintlich minuziöse Regie-Anweisungen: »Plötzlich dringt von oben her ein heller Schein durch den Nebel. Vierzehn Engel schreiten paarweise die Wolkentreppe hinab und stellen sich um die schlafenden Kinder auf, das erste Paar zu Häupten, das zweite zu Füßen, das dritte rechts, das vierte links; dann verteilen sich das fünfte und sechste Paar zwischen die übrigen Paare. Zuletzt tritt das siebente Paar in den Kreis und nimmt als ›Schutzengel‹ zu beiden Seiten der Kinder Platz.«

Adelheid Wette war wohl keine große Pädagogin, vermochte dem bereits in frühkindlichem Alter entwickelten Drang zur Rampe keine Schranken zu setzen. Auch der ehrgeizigste Staatsbedienstete würde nicht halb soviel Energie zur Erschleichung von Posten aufbringen wie kleine Gören, sobald sie Theaterluft geschmeckt haben. Schon die vage definierten Aufgaben des fünften und sechsten Paares können

auch bei den frömmsten Engeln in der Bühnen-Realität zu schweren Rempeleien führen. Ganz zu schweigen von dem absoluten Star-Status der letzten Englein, die auf der Revue-, pardon, der Himmelstreppe als Baby-Vedetten herabschweben und sich dann mit Aplomb ins gemachte Nest setzen.
Kein Wunder also, daß die dreijährige Inge Meysel und ihre gleich große Partnerin in den Partien dieser Schutzengel ihre Dominanz ausspielten. Trugen sie doch nicht nur einen Stern im Lockenhaar, sondern verfügten als einzige über Batterien, die im Ringelkleidchen gleich hinter dem Nacken festgemacht waren, und auf Druck – o Wunder – den Stern elektrisch aufleuchten ließen.
Die restlichen, größeren Engel waren nicht illuminiert und schon aus diesem Grund für die kleinen Krabben »arme« Engel, die ihnen leid taten. Auf den Proben durften die Batterien allerdings nur probeweise bedient werden. Um so lebhafter mußte geschnattert werden, um den anderen die eigene Bedeutung wenigstens vor Ohren zu führen. Zischten die Bedauernswerten dann »pssst«, machten die Kröten *klick* und streckten unter dem aufleuchtenden Stern die Zunge heraus.
Dann kam die Premiere. Hänsel und Gretel waren nach vielen, eigentlich überflüssigen Szenen endlich eingeschlummert, die armselige Engel-Vorhut hatte sich postiert, die beiden eigentlichen Protagonistin-

nen kamen herausgeflattert, angetan mit großen schönen Flügeln und bewaffnet mit Palmwedeln, knieten im Zentrum des Geschehens neben den Schlafenden hin und knipsten ihre Lichtlein an. Genauso, wie es in den letzten Zeilen des Abendsegens geheißen hatte: »Zweie, die mich weisen / zu Himmels Paradeisen.« Tableau. Inge Meysel hört es noch wie heute: »Es war überwältigend. Während der Vorhang langsam niederging, brach im Theater ein Orkan los.«

Soweit die gute Nachricht. Als der Vorhang sich wieder hob, war die Bühne leer – bis auf das eine Englein, über dessen flammend roten Locken der Stern nach wie vor erglühte. Alles, was hinter und über der Bühne stand, zischte aus Gassen und von Brücken: »Weg, weg!« Vergeblich. Schließlich verbeugten sich Hänsel und Gretel und zischten ebenfalls: »Aufstehen, aufstehen!« Der Teufelsbraten aber blieb sitzen, während sich der Vorhang wieder senkte und ein weiteres Mal hob. Das Publikum tobte. Tobte noch mehr, als die Grimmschen Geschwister das Englein von der Bühne trugen, welches nun berechtigterweise seinen unfreiwilligen Abgang mit Schreien und Zappeln zu verhindern suchte.

Mit den Paradeisen war es danach Essig, denn so wollte man »dem Vergnügen der Einwohner« auch wieder nicht dienen. Klein-Inge wurde von ihrer Ballettschule nach diesem »Vorkommnis« nie wieder in einer Aufführung eingesetzt. Doch strampelte sie unbeirrt weiter, ertrotzte sich mit fünf ihre ersten Spitzenschuhe, was indes nicht – wie zu erwarten – zu Verkrüppelungen führte.

Das Kommando »Spitze, Hacke, eins, zwei, drei« bescherte Inge Meysel einen Spann, dem sie später launige Erinnerungen verdanken sollte: »Diesen Spann haben wirklich mehr Männer bewundert als mein Gesicht. Meine Verehrer waren Fuß-Spezialisten, die alle mal sagten: ›Nein, dieser Spann!‹ Und es gab ältere Herren, die behaupteten, daß man früher aus dem Schuh von Damen, die einen solchen Spann besaßen, getrunken hatte.« Wie im Rundgesang im zweiten Finale von Millöckers *Bettelstudent*:

> »Trinkt uns zu, trinkt uns zu,
> Aus der Schönen kleinem Schuh!
> Glu, glu, glu – glu, glu, glu,
> Und berauschst bist du im Nu!«

Es blieb für Inge Meysel leider nur bei den Operetten-Reminiszenzen: »Es hat keiner jemals aus meinem Schuh getrunken. Obgleich ich so einen Spann hatte.«

Unordnung und frühes Leid aber begannen an der Seele der kleinen Ingeborg erst richtig zu nagen, als sie das erste Mal selber Publikum spielen durfte.

Da gab es in der Großen Frankfurter Straße 132,

gleich um die Ecke von der Koppenstraße, wo Opa Hansen seinen Pelzhandel hatte, ein ganz wundervolles großes Theater mit 1200 Plätzen und noch mehr Pomp. Als es 1877 eröffnet worden war, lobte die Vossische Zeitung zumal die »für ein Volkstheater überraschend elegante, geschmackvolle Ausstattung«, die effektvoll sei, ohne überladen zu wirken. Aber was hieß in der Gründerzeit schon »nicht überladen«!

Als bedeutsamer erwies sich sein erster Name Ostend-Theater. Vier Kilometer von der Friedrichstraße entfernt, war es für die Theatergänger von Berlin Mitte *jotwede*, janz weit draußen. Und wie für die Stralauer noch in der frühen Republik der Alexanderplatz die äußerste Grenze erforschten Territoriums war, meinten die im Zentrum, die Provinzler aus Frankfurt an der Oder hätten es mit der Anreise zum Ostend-Theater näher als sie. Kein Wunder also, daß im ansehnlichen Reigen der Gründerzeit-Bankrotte dieses Haus den Rekord hielt und die Ehrennamen »Pleitebude«, »Das Massengrab« oder »Das Erbbegräbnis« verliehen bekam.

Bis es 1906 von dem 41jährigen Bernhard Rose übernommen wurde, einem Kleinbauern-Sohn aus Lohme in der Ostpriegnitz, der sich über Amateur-Bühnen zum Prinzipal hochgearbeitet hatte. Rose bot in seinem »Stullen-Theater« der durchwachsenen Bevölkerung einen bunten Spielplan, der sich

zunehmender Beliebtheit erfreute und allmählich auch Expeditionen aus Berlin Mitte anlockte, die gleichwohl als abenteuerlich empfunden wurden. Noch 1917 schrieb der Berliner Börsen-Courier:
»Man strebt wieder einmal hinaus zur Frankfurter Straße, dem strammen Reißbrettstrich, der ungehemmt und unendlich – Ausfallstraße nennt man es – verzweifelnd durch seine Gradheit, zur Ferne entstürzt. Man will zum Rose-Theater.
Allen Reiseschriftstellern und Amerikaromanen zum Trotz beginnt die Exotik schon, wenn man den noch immer menschenbrodelnden See, den Alexanderplatz, durchschwommen hat. Fremd und, so oft man es sieht, immer wieder neu ist das Antlitz der Stadt. Der stets ungekannte Osten – –
Der von der Straßenbahn Dahingeschüttelte lernt die phantastische Größe des Unverschönten kennen, zwischen vollgestapelten Auslagen, vor den Burgen der Abzahlungshäuser, die bis ins dritte Stockwerk grellblau gestrichen, mit riesigen Reklamebuchstaben barbarisch gespickt sind, vor den verwitterten Gesichtern der Häuser, in denen grelle Firmenschilder wie Pflaster sitzen: ›Gemeindesaal mit breiten Andachtsgalerien für jeden Zweck billig zu vermieten‹ kann man da lesen, und auf der Scheibe eines mit dicken Uhren und Schützenbechern von drei Generationen vollgepfropften Juwelierladens einen kleinen handgeschriebenen Zettel mit der Beloh-

nung für den Entdecker des letzten erfolgreichen Diebes.«

Zu den Spezialitäten des Rose-Theaters gehörten die Märchen-Produktionen, die im Gegensatz zum lieblosen Schund, den andere Theater boten, ebenso sorgfältig vorbereitet wurden wie die Inszenierungen für den Abendspielplan. »Auf dem Gebiet der Märchenvorstellung hat das Rose-Theater die unbestrittene Führung in Berlin«, konnte man in der Berliner Morgenpost lesen.

Die erste Aufführung, die Klein-Inge erleben durfte, war denn auch ein Märchen. Aber auch dieses Erlebnis endete alles andere als märchenhaft. Der Zuschauerraum war, wie gesagt, prachtvoll, mit einem echten roten Samtvorhang und einem bemalten Vorhang dahinter, mit Rüschen, Bommeln, Posamenten und allem, was eben ein richtiges Theater ausmacht. Inge thronte mit Grete-Mutti in einer Balkon-Loge, und ihre Augen ragten gerade über diese schöne Logenbrüstung.

Gegeben wurde *Frau Holle*. Und es kam die Szene, in der Frau Holle die Betten ausschüttelte. Auf der Bühne gab es außerdem einen Brunnen – und vor allem Kinder, die aus diesem Brunnen Wasser schöpfen durften, während der Flaum aus den Federbetten wie Schnee auf sie herabrieselte.

Wie der Blitz war das zum Zuschauen verurteilte Kind oben auf der Brüstung und schrie: »Warten,

warten, mitmachen, mitmachen!« Während Gretchen zur Salzsäule erstarrte, erwischte ein beherzter Nachbar die kleine Krabbe, als sie sich auf den Schauplatz des Geschehens hinunterstürzen wollte, gerade noch an einem Fuß. Wobei er allerdings nicht mehr verhindern konnte, daß sie mit dem Kopf gegen die reichen Ornamente der Balkon-Umrandung donnerte.

Inges zweiter dramatischer Auftritt fand sein Ende beim Theaterarzt, der die blutende Stirn verband. Auf dem Heimweg und schließlich zu Hause schrie das Kind immer noch und wollte und wollte sich nicht beruhigen. Bis Gretchen die Geduld riß: »Es hört ja bald auf zu bluten. Es ist ja nicht so schlimm!« Worauf Inge aufgebracht zurückgab: »Quatsch! Mitmachen will ich, mitmachen!«

»Ein bißchen Specksoße über die Kohlrüben...«

Das Kind war umtriebig – schließlich war es als Junge geplant worden. Die Wohngegend kam dem Drang nach draußen entgegen. Bot sie auch »dem Fremden wenig«, wie Baedeker am Anfang des Jahrhunderts vermerkte, für die Rabauken war sie ein einziger Abenteuerspielplatz. Im Vorderhaus wohnten die Bürger, vom Kleinbürger bis zum etwas größeren Großbürger, um die Hinterhöfe hausten die Arbeiter. So wuchsen die Kinder zwangsläufig in einer Art offener Gesellschaft auf.

In den Wohnungen konnte nicht rumgetobt werden. Die vorne waren etepetete und die hinten zu klein. In den Höfen und auf den Straßen verwischten sich die Unterschiede, beim Murmelspielen auf dem Bürgersteig, bei Ballwerfen und Völkerball auf der Fahrbahn, dem Damm. Kindlicher Klassenkampf verstieg sich allenfalls zum tiefsinnigen, von Heinrich Zille überlieferten Dialog zwischen Vorder- und Hinterhaus:

Fritze: »Und doch, Mutta sagt, uns alle hat der Storch durch den Schornstein jebracht!«

Erna: »Bei uns nischt zu machen, wir haben Dampfheizung!«

Zille war ja nicht nur Chronist der Elendsbezirke im Wedding und im Scheunenviertel. Als passionierter Besucher des Rose-Theaters kannte er sich auch bei den Typen vom Stralauer Viertel aus, porträtierte die bürgerlichen Gören, die sich den Schnabel im Hinterhof gewetzt hatten, wie in dem Blatt vom Ausflug ins Jrüne:

»Vater? Haben Brombeer'n Beene?«

»Nee!«

»Na, dann hat Frida eben zwee Mistkäfer jefressen!«

Etwaige Ähnlichkeiten mit dem Kindermund unserer Heldin wären allerdings rein zufällig, denn Inges gleichaltrige Kusine hörte auf den Namen Dagmar. Gottlob hielt die häusliche Erziehung das Abgleiten ins allzu Profane in Grenzen. Während die Kleinen aus den niederen Ständen vom Vater auch schon mal in die Budike zum Schnapsholen geschickt wurden – »Für zwee Jroschen Leichenwagen mit Troddeln!« hieß sinnigerweise die Bestellung –, hielt sich Klein-Inge an den Spruch: »Glücklich ist, wer verfrißt, was nicht zu versaufen ist!«

Neben Opa Hansens Geschäft lockte ein Fleischerladen, in dem – wie es sich in der unmittelbaren

Nachbarschaft zur Großen Frankfurter Straße gehörte – die allerbesten heißen Würstchen feilgeboten wurden, herrliche Köstlichkeiten, die einem aus dem silbernen Wurstwärmer mit etwas Papier umwickelt direkt in die Hand gedrückt wurden. Nur hatte Gretchen, der die Erinnerung an ihren Heißhunger nach Saurem wohl abhanden gekommen war, wenig Verständnis für die kindliche Gier nach Würstchen und rückte dafür viel zu wenig Bares heraus.

Andererseits muß sie – wenn wir nicht annehmen wollen, daß Inge Meysel uns in der folgenden Geschichte etwas vorflunkert – ein reichlich sorgloses Gemüt besessen haben, was die Unternehmungslust ihrer Tochter betraf. Denn die frühreife Vierjährige war bereits ausnehmend geschäftstüchtig und mußte sich nicht lange den Kopf zerbrechen, wie sie an Würstchen, respektive an das Geld dafür kommen konnte.

Sie kramte ihre mit Löchern versehene Zigarrenkiste hervor, in der sie sonst saisonbedingt Maikäfer sammelte, packte aus dem Schuhkarton schwarze Wichse und eine kleine Bürste hinein, begab sich in die Frankfurter Allee, machte sich an respektabel aussehende Männer ran und bot an: »Kann ich Ihnen nich mal die Schuhe bürsten? Die sind doch nich sauber!« Auch wenn die dann meinten: »Jetzt schieb mal ab!«, blieb sie hartnäckig: »Aber ich mach das für zehn oder zwanzig Pfennig.« Frauen sprach sie

nie an. Es erschien ihr einfach nicht plausibel, daß die Geld bei sich haben könnten oder bereit wären, es rauszurücken.
Das Dienstleistungsgewerbe florierte mehr oder weniger. Bis eines Tages Jule-Pa sie in voller Aktion ertappte. Sie sah ihn auf sich zukommen, raffte ihr Werkzeug zusammen und raste in Richtung Damm. Julius erwischte sie gerade noch rechtzeitig und hielt ihr, statt sie zu verhauen – so ist es überliefert – einen längeren Vortrag; von einem Dreiundzwanzigjährigen eine grandiose pädagogische Leistung:
»Erstens spricht man keine fremden Männer an. Bürste deinem Vater die Schuhe. Kriegst genau dasselbe Geld. Und das andere ist: Wenn du über den Damm läufst, dann wirst du überfahren. Da kommt, wie du siehst, die Straßenbahn. Wenn du also mal über den Damm willst – ganz egal, ob du nun ausrücken willst oder bloß so auf die andere Seite –, dann geh zu einem Schupo und sag: ›Bitte, bringen Sie mich über den Damm.‹ Alles andere ist dumm.«
Damit kam er aber bei seiner Inge gar nicht an. Da konnte sie ihm sofort das Gegenteil beweisen: »Grete hat gesagt: ›Schupos, das sind Leute, die einen sofort zur Wache bringen und bestrafen.‹«
Der Vater aber sprach milde: »Da siehst du, wie dumm deine Mutter ist. Das sind die besten Helfer, die es auf der ganzen Welt gibt.«

Es trifft sich, daß Anekdoten mit lehrhaftem Ausgang im Jiddischen »majsselach« heißen.
Diese Sentenz jedenfalls prägte Klein-Inge kolossal. Da hatte sie nun endlich den schlagenden Beweis, daß Frauen nicht bloß geizig sind und nicht genug Geld für Würstchen springen lassen, sondern daß sie auch noch dumm sind und Kindern etwas Falsches sagen: »Es war ganz klar, daß meine Mutter... also bei mir zu Hause war mein Vater maßgebend. Meine Mutter war für mich unterprivilegiert.«
Es lag wohl auch daran, daß Gretchen noch viel zu jung war, um vor Inges kritischem Blick für eine respektable Mutter durchgehen zu können. Als die beiden zu ebenjener Zeit unterwegs waren, begegnete ihnen eine Dame mit zwei ebenfalls kleinen und ganz entzückenden Kindern. Inge schaute an ihr hoch und sagte: »Grete, guck mal, das ist 'ne schöne Mama!«

Die innige Vater-Beziehung wurde mit dem Ausbruch des Ersten Weltkriegs jäh unterbrochen. Jule-Pa rückte in die Garnison ein, kriegte Ende Januar 1915 noch einmal Urlaub, bevor er an die Front geschickt wurde, und nutzte die letzte verbleibende Zeit, um ein weiteres Kind zu zeugen.
Als die Geburt sich ankündigte, war es diesmal selbstverständlich, daß Gretchen in die Klinik ging. Vorher aber gab sie dem »sehr altklugen, vorlauten,

frechen Gör« (Inge Meysel über Klein-Inge) noch für alle Fälle ihr Vermächtnis mit auf den Weg:
»Paß auf. Du hast ja so oft an meinen Bauch gefaßt. Du bekommst nun ein Geschwisterchen. Das kann natürlich lebend kommen. Aber es kann auch sein, daß man dabei stirbt. Das ist nicht raus. Aber du bist in guten Händen. Du hast den Opa und die Oma und du hast die andere Oma. Und nun gebe ich dir Geld, das ich die ganzen Jahre über gespart habe. Das mußt du gut aufheben. Und sollte mir und diesem kleinen Geschwisterchen etwas passieren, dann kaufst du mir einen wunderschönen Sarg und legst wunderschöne Blumen drauf. Und das bezahlst du davon, das versprichst du mir. Und dem Opa sagst du nichts, sondern du versteckst es, das Geld.«
Inge nahm das Portemonnaie und steckte es in die Hose, wo sie das Geld zum Vernaschen immer hineinsteckte. Dann ging es, zusammen mit Opa, ab in die Klinik. Inge begutachtete den Saal, in dem noch weitere Frauen lagen, und war beeindruckt: »Na, da hast du aber noch viel, viel Gesellschaft hier!«
Und Gretchen sagte: »Da seht ihr, wie gut ich es hier habe!«
Als Inge mit Opa rausgegangen war, schoß es ihr durch den Kopf: »Ich muß noch mal zurück, ich muß meiner Mami noch mal einen Kuß geben!«
Gesagt, getan. Sie rannte zurück: »Gretchen, paß

mal auf. Ich hab mir was überlegt. Wenn du stirbst, dann sag ich Opa gar nichts. Dann muß er alles bezahlen, und ich hab das Geld.«
Mit den Extrawürstchen wurde es dann doch nichts, obwohl das Brüderchen auf sich warten ließ und damit Unordnung in die geregelten Geburtsdaten der Familie brachte. Julius Meysel war an einem 30. April geboren, Inge am 30. Mai, Gretchen am 30. Juli, und Harrys Ankunft war für den 30. Oktober geplant. Doch er ließ sich Zeit und kam erst am 3. November. Was Inge später zu der gelegentlichen Feststellung veranlaßte: »Die Null *bist* du, du brauchtest gar keine Null!« Und auch das endlich gelüftete Geheimnis ihrer unehelichen Geburt ließ sich gegen Harry verwenden: »Ich bin ein Kind der Liebe, du aber bist ein Kind des Urlaubs!«
Die Schlagfertigkeit kam wohl auch von Mutters Seite. Denn Gretchen bewies nun bei der Registrierung ihres zweiten Kindes, daß sie ebenfalls nicht auf den Mund gefallen war. Harry sollte Harry heißen nach dem zweitältesten Bruder von Julius. Den Gang zum Standesamt trat sie selber an, sobald sie wieder auf den Beinen war, denn sie hatte kein Vertrauen mehr zu Opa Hansen: »Du läßt dich da immer übertölpeln.«
Auch dieser Standesbeamte führte sich auf, wie wir es aus den Büchern von Heinrich Mann und den Bilderbüchern der Karikaturisten kennen: »Harry?

Ist doch ein englischer Name. Sagen Sie, Sie wissen wohl gar nicht, daß wir Krieg haben, ja? Kommt nicht in Frage. Heinrich ist doch ein schöner deutscher Name...«

Da bot ihm Gretchen aber die Stirn: »Entweder wird mein Sohn Harry genannt, oder er kriegt überhaupt keinen Namen. Und Sie haben überhaupt nichts zu sagen. Mein Mann steht im Felde und der Bruder meines Mannes, Harry, nach dem der Kleine heißen soll. Und die sorgen dafür, daß Sie hier mit Ihrem Hintern überhaupt sitzen können!«

Die Obrigkeit gab sich geschlagen.

Harry genoß sein Dasein in vollen Zügen. Während seine Schwester mit einer Milch-Allergie zur Welt gekommen war und mit »Kufeke« hochgepäppelt werden mußte, einem Pulver, das in Wasser angerührt wurde, lag er der Mutter eineinhalb Jahre am Busen und »hat sie abgesaugt bis dorthinaus«.

Das hätte in jenen Zeiten für Mutter und Kind zu Komplikationen führen können. Bereits im Januar 1915 hatte die Verteilung von Getreide und Fleisch unter behördliche Kontrolle gestellt werden müssen. Am 23. Februar 1915 gab Berlin gemeinsam mit den Vororten als erste deutsche Stadt die Brotkarte aus. Doch störte kommunalpolitischer Eigennutz die gerechte Verteilung der Not. Immer wieder kam es zu Unruhen, wenn etwa festgestellt wurde, daß es in Tegel mehr Fleisch gab als in den übrigen Gemein-

den, oder daß die Neuköllner nur drei Pfund Kartoffeln erhielten, die Schöneberger aber fünf.
Auch die Satire nahm sich mit einem »Bürgerlichen Kochrezept« der Misere an: »Man nehme die Fleischkarte, wälze sie in der Eierkarte und brate sie in der Butterkarte schön braun. Die Kartoffelkarte und Gemüsekarte wird gekocht, und die Mehlkarte hinzugesetzt. Um schnell und intensiv zu kochen, lege man die Kohlenkarte und Spirituskarte darunter und zünde sie an. Als Nachtisch brühe man die Kaffeekarte auf und füge die Milchkarte hinzu. Feinschmecker lösen darin noch die Zuckerkarte auf. Nach dem Essen wäscht man sich mit der Seifenkarte und trocknet sich an dem Bezugsschein.«
Doch Gretchen und ihre Familie hatten das Glück, Angehörige im benachbarten Schlaraffenland Dänemark zu besitzen, die jeden Monat ein Freßpaket schickten. Das waren Gottesgeschenke, zumal im letzten Kriegsjahr, als es im August 1917 auf den Wochenmärkten im Berliner Osten und Norden zu Lebensmittelkrawallen kam, und für viele Familien die Volksküche, die für rund 40 Pfennige einen Liter Eintopf abgab, die einzige warme Mahlzeit am Tag lieferte.
Auch im »Kohlrübenwinter« 1917/18 gab es bei Meysels über die Kohlrüben »immer ein bißchen Specksoße, auf dem Brot immer ein bißchen Butter oder irgendwelche Pasteten, die es in Dänemark

gab«. Die Mutter mußte auch nicht um sechs Uhr früh aus dem Haus, um Schlange zu stehen. Das besorgte gern die eine oder andere Nachbarin mit, die dafür dann ein Viertelpfund Zucker oder eine andere für sie sonst unerreichbare Gabe abbekam.
Der sieben-, achtjährigen Inge war klar, daß sie und die Ihren gegenüber den anderen Menschen gesegnet waren. Das machte angstfrei: »Als ich überhaupt anfing zu denken und sah, wie unser aller Leben Kurven bekam, für die wir nichts konnten, in die wir hineingeboren waren, konnte ich nicht mehr glauben, daß es Zufälle im Leben gibt. Und es hat mich von Anfang an sicher gemacht, daß unsere Familie überleben wird. Das hat mir später im Leben sehr geholfen.«
Dieses Behütetsein in feindlicher Zeit ließ die Greuel und das Grauen des Krieges entrückt erscheinen. Krieg bedeutete, daß ein Paket aus Dänemark auch mal unpünktlich ankam. Daß Hunderttausende gefallen waren, lag außerhalb des Vorstellungsbereichs. In der ganzen Gegend kannte sie kein Kind, das einen toten Vater betrauerte. Oder ein solcher Tatbestand wurde in diesem Alter nicht zur Kenntnis genommen: »Wir wären wahrscheinlich auch darüber hinweggegangen, wenn es einer Mitschülerin passiert wäre.«
Selbst als Julius Meysel in Frankreich schwer verwundet wurde und die Mutter ihr beibrachte: »Dein

Vater hat den rechten Arm verloren«, war das irgendwie nicht wahr. Die Post aus dem Lazarett bestärkte den Zweifel: »Wie kann denn der dann schreiben?« Inge probierte es selbst aus und fand heraus: »Der Jule-Pa *kann* seinen rechten Arm nicht verloren haben, denn links *kann* man nicht schreiben!«

Erst als der Krieg aus war, in Berlin Revolution gemacht wurde und auch das Stralauer Viertel in die Kämpfe zwischen den Regierungstruppen unter dem Oberbefehl des Sozialdemokraten Gustav Noske und den Spartakisten hineingezogen wurde, hatte sie ihr prägendes Erlebnis. Abermals quasi aus einer Logen-Perspektive. Doch diesmal war es nicht Theater, was sich vor ihren Augen abspielte, sondern blutige Realität.

Hans Rose gibt in seinem Buch über das Rose-Theater eine anschauliche Beschreibung über die Parteiungen:

»Gerade in der Nähe unseres Theaters fanden ziemlich harte Kämpfe zwischen den Noskeleuten und den Spartakisten statt, die uns alle bewegten. Eine Offiziersabteilung hatte sich am Strausberger Platz festgesetzt, die Spartakisten hatten sich nach Lichtenberg zurückgezogen. Als die Situation für die Noskeleute brenzlich wurde, suchten sie im Theatertunnel unseres Hauses Zuflucht, wo schon alle Mieter des Hauses und viele Leute aus der Umgegend mit Sack und Pack lagerten, um sich vor den zu erwarteten Kämpfen zu schützen. Die Spartakisten erfuhren natürlich sofort, wohin die Noskes sich geflüchtet hatten, denn die Bevölkerung hielt zu den ›Roten‹ und teilte ihnen sofort alles mit, was sich in der Stadt begab.«

Es kam zu gräßlichen Szenen, wie sie die Berliner Illustrirte Zeitung in zwei Fotos von den letzten Aufruhrtagen dokumentierte:

»Ein Regierungssoldat verirrt sich in die Kampfzone der Spartakisten. In der Weißenburger Straße wird er erkannt und festgenommen. Am Senefelderplatz macht er einen Fluchtversuch, stürzt in ein Eckhaus, wirft den verräterischen Stahlhelm, den Karabiner, in eine Ecke und versucht über einen Hof zu entkommen. Er wird zum zweiten Male erkannt und zurückgeschleppt. Ein Mann aus der Menge fordert seine Erschießung. Der Soldat redet zur Menge, will sie umstimmen. Die Menge ist stumm, regungslos, sie schweigt. Ein Spartakist hebt das Gewehr. Auf offener Straße, im Angesicht von Frauen und Kindern, wird der Unglückliche an die Ecke eines Hauses gestellt und erschossen.«

Eine Kampfhandlung mit »ehrlicheren« Fronten hatte die kurze Cadiner Straße zum Schauplatz. Im Süden, in der Romintener Straße, stand die »Soldateska«, den Zugang von der nördlichen Boxhagener Straße hatten die Spartakisten besetzt. Während sich die feindlichen Trupps beschossen, stand Inge »un-

geheuer erregt und mitgehend« am Fenster der Wohnung im ersten Stock, während Gretchen vergeblich versuchte, sie wegzuziehen, weil sie die berechtigte Angst hatte, daß sich eine Kugel verirren könnte.
So sah die Achtjährige, wie einer erschossen wurde, wie Menschen ganz schnell hinrannten und ihn an der Hauswand entlang abtransportierten. »Und ich habe wirklich damals geweint und meiner Mutter gesagt: ›Wie können Menschen andere Menschen erschießen?‹ Es ist mir bis heute unklar geblieben.«

Das Schlüssel-Erlebnis hatte weitreichende Folgen. Deren erste war 1925 eine Jungfern-Rede bei einer Versammlung der Jungdemokraten im Hinterzimmer des Café Sanssouci am Reichskanzlerplatz (dem heutigen Theodor-Heuss-Platz). Die Rede muß sehr beeindruckend gewesen sein; denn Ernst Lemmer, damals siebenundzwanzig, bereits Mitglied des Reichstags und gleichzeitig Führer der Jungdemokraten, konnte sich noch Jahrzehnte später an die engagierte Kandidatin erinnern, an der nicht nur die Haare flammend waren.
Was war geschehen? Die inzwischen Fünfzehneinhalbjährige hielt einen Appell gegen die Todesstrafe. Die Probandin erinnert sich: »Ich weiß, daß ich mir ein Motto aussuchte. Daß man einen Menschen, der neun Monate in einem Mutterleib wächst und mit

aller Vorsicht zur Welt gebracht wird, nicht töten darf – nicht, wenn man bei klarem Verstand ist. Denn Mörder sind kranke Menschen. Und die müssen bestraft und eingesperrt werden. Ich habe damals nicht um Gnade gesprochen für sie. Im Gegenteil, ich meinte, sie müßten ein Leben lang eingesperrt bleiben.«

Die frischgebackene Jungdemokratin befand sich im Trend der Zeit. Der französische Philosoph Julien Benda veröffentlichte 1927 gegen diesen Trend das Buch »Der Verrat der Intellektuellen«. Ihnen warf er vor, sich aus Geltungsbedürfnis und Karrieresucht in die geistigen und politischen Kämpfe zu stürzen. Dies sei Verrat, denn ihre wahre Aufgabe bestehe darin, an den unveränderlichen und unveräußerlichen Werten festzuhalten: Wahrheit, Gerechtigkeit, Freiheit.

Der Appell half bekanntlich nichts, ebensowenig wie die lakonische Bemerkung von Albert Camus von 1956: »Das unablässige Unterschreiben von Manifesten und Protesten stellt eines der zuverlässigsten Mittel dar, die Wirksamkeit und die Würde des Intellektuellen zu untergraben.«

Nun wäre es sicher schief, Inge Meysel in die Nähe der Intellektuellen zu rücken. Sie war stets auf der Seite der Dichter und Kinder, welche bekanntlich die Wahrheit sprechen, und zu denen sich später als Sprechblasen der Nation die Schauspieler gesellten.

Wahrheiten also, die ebenso menschlich bewegend wie subjektiv sind.

Nachdem während des rasant kurzen Putschversuchs im August 1991 in der UdSSR – um das Panorama abzurunden – Wolf Biermann gerade noch rasanter in der ZEIT das russische Volk als einen »Haufen verhaltensgestörter Heimkinder« und als »gelernte Untertanen« bezeichnet hatte, analysierte Uwe Wittstock in der Wochenend-Beilage der Süddeutschen Zeitung vom 7./8. September 1991 die möglichen Motivationen:

»Über die Gründe, weshalb manche Dichter willig Auskunft geben, obwohl sie vom verhandelten Gegenstand keinen blassen Schimmer haben, kann man nur spekulieren. Will man ihnen keine niederen Motive unterstellen, muß man annehmen, daß sich die Glücklichen tatsächlich in jeder, wirklich jeder Sache sofort für auskunftsfähig halten. Natürlich werden sie durch ihre Artikel noch bekannter und bekannter – vielleicht sogar einmal so bekannt wie Harald Juhnke. Den zitieren ja auch alle Illustrierten mit selbstgebastelten Weisheiten zur Liebe und zum Leben.«

Wobei wir also wieder bei den Schauspielern wären.

Über Inge Meysel und die Ursprünge ihrer Auskunftsfreudigkeit muß, wie wir gesehen haben, allerdings nicht spekuliert werden.

Doch haben wir, den Fäden zu künftigen Verhaltensweisen im Vergangenen nachspürend, einen Sprung gemacht und müssen nun etwas zurückgehen und uns um die weitere Entwicklung der Familie kümmern...

»Der Frontsoldat hungert lieber, als daß er bettelt«

Julius Meysel kam erst 1919 wieder ganz nach Hause. Eine Gasphlemone hatte sich im Zellgewebe seines Armstumpfes weitergefressen, bis auch noch die halbe Schulter amputiert werden mußte. Zumindest die Bruderkämpfe des Nachkriegs im Berliner Osten waren ihm erspart geblieben. Es besteht wohl kein Zweifel, auf welcher Seite er gestanden hätte.

Die jüdischen Intellektuellen, die Revolution predigten, waren eine winzige, lautstarke Minderheit. Die Mehrzahl der assimilierten deutschen Juden verhielt sich patriotisch. Rund hunderttausend Soldaten jüdischen Glaubens, unter ihnen überdurchschnittlich viele Freiwillige, hatten im Ersten Weltkrieg in der Armee gedient. Mehr als fünfzigtausend »Volljuden« – darunter rund fünfunddreißigtausend Angehörige von Synagogengemeinden – hatten Tapferkeitsauszeichnungen erhalten.

Und noch 1930, als mit der Weltwirtschaftskrise der auch in Berlin schon lange nicht mehr latente Antisemitismus der Rechtsparteien und ihres immer zahlreicheren Anhangs noch häßlichere Züge zu zeigen begann, mahnte ein Aufruf des Reichsbundes Jüdischer Frontsoldaten:

»Etwa elf Jahre sind es her: Da kehrten unsere Feldgrauen zurück in Deutschlands Gaue. Regiment auf Regiment, müde, resigniert und doch hocherhobenen Hauptes. In gleichem Schritt und Tritt.

Der große, ungeheuere Krieg war verloren, die ganze Welt hatte sich zusammengeschlossen, Deutschland zu zerschlagen. Aber nicht besiegt war das tapfere Heer. Wißt Ihr es noch? Ach, wie raschlebig ist unsere Zeit, und wie schnell vergessen die Menschen. Schwer lastet der Gegner Hand auf dem Vaterlande und zieht das Mark aus seinem Körper – und keine Einigkeit! ... Und der Frontsoldat ist stolz, hungert lieber, als daß er bettelt, und unser Herz leidet, wenn wir ihn leiden sehen. Ich hatt' einen Kameraden!«

Onkel Harry hatte es noch schlimmer getroffen. Die Folgen eines Lungenschusses fesselten ihn ans Bett. Für die zehn-, elfjährige Inge waren diese Phänomene eher aufregend als erschreckend. Sie mochte es gar nicht, wenn sie während der Besuche am Krankenlager ihres Lieblingsonkels immer wieder rausgeschickt wurde, weil sie nicht sehen sollte, wie er Blut spuckte. Denn die blutigen Taschentücher fand sie hochinteressant. Und als die Schulter von Jule-Pa endlich nicht mehr wund war, war es ihre größte Seligkeit, ihren Kopf in diese Kuhle zu kuscheln. Dann sagte sie: »Julius, zuck mal!« Denn seine Schulter wußte noch, wo einmal die Finger gewesen waren. Er konnte zucken und sagen: »Das ist der Zeigefinger, und das ist der Daumen!«

Die Vater-Tochter-Beziehung hatte unter der langjährigen Trennung nicht gelitten, wenngleich Julius Meysel mit dem Umgang seiner Ältesten nicht immer einverstanden war. Mit dem Abschluß der vierten Klasse Gemeindeschule trennten sich üblicherweise auch in diesen gemischten Bezirken die Wege der Kinder. Die sogenannten höheren Töchter wurden aufs Lyzeum geschickt. Die Arbeitermädchen blieben bis zum vierzehnten Lebensjahr auf der Gemeindeschule, um dann »eingesegnet« zu werden. Inge indes verkehrte weiterhin unbeirrt in den Wohnküchen der Hinterhöfe, weil es dort nicht so formell und langweilig war wie zu Hause. Worauf ihr Erzeuger Wilhelm Buschs »Fromme Helene« zitierte: »›Doch jeder Jüngling hat wohl mal 'n Hang fürs Küchenpersonal.‹ Bei mir ist es leider meine Tochter.«

Daß er aber, wenn es sein mußte, auch mit einem Arm Herr der Lage war, bekam sie bald zu spüren.

Eines Tages wurde sie mit einem Zwanzig-Mark-Schein in die Drogerie geschickt und behauptete bei der Rückkehr, daß sie kein Wechselgeld herausbekommen hätte. Der Vater stellte kein langes Verhör an, sondern machte sich mit ihr umgehend zu dem Laden auf: »Frau Runge, nicht böse sein. Die Inge sagte mir, Sie hätten ihr nichts rausgegeben. Wieviel machte es denn?«

»Ach, Herr Meysel«, sagte Frau Runge, »natürlich habe ich Inge das Geld gegeben, und die zehn Mark waren ein Schein.«

Doch verstockt blieb Inge dabei: »Julius, sie hat mir nichts rausgegeben!«

»Ist schon erledigt, wir entschuldigen uns«, sagte Julius Meysel und nahm mit seinem linken Arm die Tochter am Schlafittchen. »So, nun gehen wir Schritt für Schritt den Weg, den du gegangen bist, nach Hause.«

Inge blieb hochgemut, bis sie im Hausflur in der Cadiner Straße angelangt waren. Und da lag er dann, der Zehn-Mark-Schein.

Oben in der Wohnung sagte Julius nur: »Geh ins Eßzimmer!«

In der Diele stand der sogenannte Majors-Stock. Den hatte ihm der Major seiner Einheit als Zeichen seiner persönlichen Wertschätzung geschenkt, und Julius Meysel hielt den Stock in Ehren. Und nun kam er mit dem Stock des Majors, legte seine Inge über die Lehne des Sofas und schlug sie auf den nackten Hintern, was sie ihm besonders übelnahm. Daß sie keinen Ton von sich gab, nahm wiederum er ihr besonders übel. Gretchen stand davor und rang die Hände: »Julius, hör auf, du schlägst mir das Kind zu Tode, Julius, hör auf!«

Als er aufhörte, stand Inge auf, drehte sich tränenüberströmt und mit zerbissenen Lippen zu ihm um, spuckte vor ihm aus und rannte ins Schlafzimmer. Julius Meysel seinerseits war »weiß wie ein Handtuch«.

Obwohl ihm persönlich also gar nicht wohl bei der Prozedur war – abgesehen davon, daß sie ihn körperlich über Gebühr erschöpft hatte –, galt die Prügelstrafe für unbotmäßigen Nachwuchs nach wie vor als segensreiche Einrichtung. In der Zeitschrift »Fürs Haus« gab Frau Dorle, eine frühe Briefkastentante, noch im Oktober 1927 einer entnervten Mutter Ratschläge auf die Frage »Wie strafe ich mein Kind?«:

»Mit dem Rohrstock auf den gewissen Körperteil, den unser Herrgott dem Mädel im südlichen Rükkenviertel als einzig richtige Erziehungsfläche gegeben. Die Rute ist für Kinder in den ersten Lebensjahren geeignet und auch nur auf die entblößte Sitzfläche. Später ist sie nicht mehr fühlbar genug, wie auch das Verhalten Ihrer Tochter beweist. Nehmen Sie den Rohrstock und seien Sie nicht zaghaft in der

Bestrafung, so werden Sie schnell die besten Wirkungen sehen, und Ihr Mädel zu einem Menschen erziehen, der gelernt hat, sich zu beherrschen und sich seiner Verantwortung bewußt zu sein. Das aber sind die Menschen, die das Leben bestehen, und die unser Vaterland braucht. Hört man erzählen, daß auch Prügel nicht geholfen hätten, so wird man in jedem Fall feststellen können, daß sie nicht empfindlich genug gegeben wurden ...«

So also ging das damals zu. Unter diesen Aspekten hatte Gretchens bisherige Erziehung völlig versagt. Wenn das Kind seine Schulaufgaben nicht machen wollte, bekam es mit dem Federkasten eins oder mehrere über den Kopf gebraten, was der Denkleistung gewiß nicht sehr förderlich war. Eine Ohrfeige war gar nichts, »mit der Rückhand ging das flippflapp am Tag so dreizehn Mal«.

Am lustigsten war die Jagd mit dem Teppichklopfer rund um den Eßtisch. Gretchen schrie: »Bleib stehen, bleib stehen!«

Und die kleine Kröte krähte schon mit sechs: »Ich bin doch nicht dumm, dann wirst du mich doch verhauen! Du kriegst mich noch lange nicht!«

Noch im hohen Alter erinnert sie sich fast vergnügt: »Ich bin ihr oft entwischt, aber ich habe auch viel Keile von ihr gekriegt. Aber das hat mich überhaupt nicht gestört.«

Ihr Vater aber hatte sie noch nie verhauen. Nach dem

für beide entwürdigenden Vorfall sprach sie kein Wort mit ihm. Tage später sagte er: »Komm mal her. Ich möchte mit dir reden!« Stumm und verbissen nahm sie seine halbe Entschuldigung entgegen: »Nicht wegen der zehn Mark hast du die Keile bekommen. Sondern – merke dir eins: Lügen haben kurze Beine und kommen immer raus. Ob nach 'ner Stunde, nach 'nem Monat, oder nach 'nem Jahr – rauskommen tut es. Und die Striemen, die du jetzt noch auf deinem Hintern hast, die wirst du nie vergessen. Denk immer daran.«
Von Stund an, so meint Inge Meysel in ihrer abgeklärten Rückschau, habe sie vielleicht noch manchmal gemogelt, doch richtig geschwindelt niemals mehr. So hätten also die Methoden der Frau Dorle sich bewährt gegen die damals noch vielbelächelten »modernen« Erziehungsmethoden?
Die echte Versöhnung zwischen Vater und Tochter fand erst Monate später statt: »Er hat sehr gebuhlt um seine Tochter. Und seine Tochter hatte einen sehr dicken Schädel.«

Erhobenen Hauptes trug sie auch das Scheitern ihrer ersten großen Liebe, die mit zwölf begann. Er hieß Hans Müller, war der Sohn eines Zahnarztes in der Frankfurter Allee und zwei Jahre älter. Sie schrieben einander Briefchen in Geheimschrift, deren Botschaft war: »Ich denke an Dich selbst in der Mathematikstunde.« Oder: »Wir haben gerade Französisch. Ein kleiner Gruß, geliebter Hans, von mir.« Der Inbegriff der Seligkeit aber bestand darin, daß sie gemeinsam radfuhren, und zwar freihändig. Nebeneinander, auseinander, quer am anderen vorbei, Kreis und wieder zusammen. Wie das Balzritual von Auerhähnen – mit dem Unterschied, daß sich hier die Henne aktiv beteiligte.

Da hatte sie nun also einen kleinen Kavalier, der nicht wie die anderen hinter ihr herrief: »Rotkopp, die Ecke brennt – Feuerwehr kommt anjerennt!« (Worüber sie viele, viele Tränen vergoß und sich fest vornahm: »Später, wenn ich groß bin, dann färbe ich!«) Doch diese Beziehung scheiterte ebenfalls an Farben, und zwar an dem Streit um die »richtigen« Reichsfarben.

Noch bevor sich die Republik richtig konstituiert hatte, war bereits im November 1918 das Schwarz-Weiß-Rot der Monarchie abgeschafft und durch Schwarz-Rot-Gold ersetzt worden, das vom »Rächerkleid« der Lützower Jäger in den Befreiungskriegen gegen Napoleon abgeleitet war. 1848 hatte zwar die Nationalversammlung des Deutschen Bundes in der Frankfurter Paulskirche diese Farben auf ihr Panier gehoben, doch war mit der nationalen Begeisterung bald auch der Enthusiasmus für ihre Symbole verebbt. Die Weimarer Republik begann also mit einer eher nostalgischen Reminiszenz.

Gleichwohl markierte der Bruch mit der unmittelbaren Tradition den Riß, der durch das Volk ging. Die jeweiligen Farben wurden Teil der ideologischen Auseinandersetzung zwischen denen, die der Monarchie nachtrauerten, und den Anhängern der neuen Republik. Zumal bei nationalen Feier- und Trauertagen wurde der Streit provokant zwischen den Heranwachsenden ausgetragen, wobei die Mädchen eindeutig im Vorteil waren, weil sie putzsüchtig mit Bändern, Schleifen oder Kokarden behängt die Andersdenkenden ärgern konnten. Unter diesen Vorzeichen ereignete sich denn auch das Ende der großen Liebe zwischen Inge Meysel und Hänschen Müller.

Am 4. März 1925 wurde Friedrich Ebert, der am 28. Februar verstorbene erste Reichspräsident der Weimarer Republik, in einem Staatsakt vom Reichspräsidentenpalais durch ein Spalier von Hunderttausenden von der Wilhelmstraße zum Potsdamer Bahnhof geleitet und von dort in seine Heimatstadt Heidelberg überführt.

Inge heftete sich zu diesem Behuf eine schwarze Binde um den Arm und eine schwarz-rot-goldene Schleife an die Brust. Unten wartete Hänschen Müller und hatte um seinen Arm ein schwarz-weiß-rotes Band. Sie war nach dreijähriger unverbrüchlicher Freundschaft tief verletzt: »Warum tust du das? Das ist ja deutsch-national!«

»Meine Eltern und ich, wir sind deutsch-national!«

»Aber Ebert ist gestorben, unser Präsident. Wir sind doch eine Republik. Vielleicht können mich deine Eltern deshalb nicht leiden, weil wir schwarz-rot-gold sind. Vielleicht können sie mich nicht leiden, weil mein Vater jüdisch ist.«
Und da sagte Hänschen Müller, dieser »wirklich bezaubernde und nette« Junge: »Ja, Inge, damit hat es etwas zu tun.«
Ab diesem Augenblick fuhr sie nie wieder Rad mit Hänschen Müller. Es war der erste ganz große Kummer ihres Lebens, aber diesen »Verrat« hätte der kleine politische Mensch in ihrem Innern nicht geschafft.

So intakt allerdings das jüdisch-christliche Zusammenleben dieser merkwürdigen Familie Meysel-Hansen zu funktionieren schien, gab es doch auch hier ein tiefwurzelndes Problem, das Inge nicht verborgen bleiben konnte:
»Regine Meysel hat keine ihrer Schwiegertöchter geliebt, das steht eisern fest. Sie konnte meine Mutter nicht ausstehen. Es war ein solcher Haß zwischen Schwiegermutter und Schwiegertochter. Grete hatte einen ungeheuren Fehler – sie war nachtragend und hat ihr nie verziehen, daß sie nur geheiratet werden durfte, weil sie in anderen Umständen war.«
Regine betrat die Wohnung in der Cadiner Straße allenfalls zu Geburtstagen. Doch Inge wurde von ihr

von dem Moment an geliebt, als sie das Bündel im Arm hatte. Und das Kind genoß und erwiderte diese Liebe. Einmal in der Woche war gleich nach der Schule »jour fixe« bei der Großmutter mit Urlaub bis zum Wecken. Der kleine Harry schaute dagegen nur alle zwei Wochen vorbei, weil er vom Vater dazu angehalten wurde: »Aber er hatte keine Verbindung zu ihr. Er gehörte, wie die Familie sagte, zur dänischen Seite.«

Und diese wiederum in Person von Anna Hansen latschte jeden Tag früh um zehn die zwanzig Minuten aus der Koppen-Straße zu ihrer Tochter in die Cadiner Straße. Es hatte also alles wenigstens so seine Ordnung, bis Nachkriegselend, Inflation und Todesfälle das mühsam ausbalancierte Gleichgewicht zusammenstürzen ließen.

Peer Hansen starb 1920 an Magenkrebs. Oma Hansen zog in eine kleine Wohnung am Comeniusplatz. Das bedeutete zehn Minuten weniger Fußweg und außerdem eine gewisse Distanz zum Milljöh. Denn die Koppen-Straße hatte sich nach Kriegsende zu einer der berüchtigtsten Zuhälter-Meilen Berlins entwickelt und bewahrte diesen ihren Ruf bis nach dem Zweiten Weltkrieg. Drei Jahre später erlöste der Tod Onkel Harry von seinem qualvollen Lungenleiden. Seine Frau kehrte zu den Ihren zurück. Regine Meysel war allein in der Sechs-Zimmer-Wohnung in der Grünberger Straße – ohne Vermö-

gen, das die Inflation und die Pflege des Sohnes aufgebraucht hatten.
Die Lösung, die gefunden wurde, war die denkbar unglücklichste. Die beiden Großmütter mußten sich nun die Zweieinhalb-Zimmer-Wohnung am Comeniusplatz teilen, zwei Frauen, die nicht nur Welten trennten, die gleichsam auf verschiedenen Planeten lebten. Besonders peinigend war diese »Internierung« für die fromme Regine Meysel, die nach der Regel der orthodoxen Juden das Geschirr nach milchigen und fleischigen Speisen zu trennen hatte. So war sie das erste und einzige Mal böse geworden, als die kleine Inge das verwechselte, worauf der Teller hatte vernichtet werden müssen.
Es konnte also in der neuen, der Exil-Wohnung nicht gutgehen. Es gab zwei Geschirrschränke in der Küche, und keinen einzigen Tag wirtschafteten die beiden alten Frauen hier gemeinsam. Wenn Anna Hansen Besuch bekam, teilte sie mit: »Ich wollte Ihnen nur sagen, Frau Meysel, ich kriege heute nachmittag Gäste!« Umgekehrt sagte Regine Meysel: »Inge kommt heute!« Und das hieß ebenso: Sie haben ab drei Uhr diese Küche nicht mehr zu betreten.
Ein unhaltbarer Zustand, der dadurch beendet wurde, daß Oma Hansen am Tag vor Heiligabend 1924 an der Lazaruskirche, Ecke Cadiner Straße, tot umkippte. Regine Meysel lebte noch zwei Jahre al-

lein in der Wohnung, bis auch diese Frist abgelaufen war – für ihre Enkelin eine lebenslange traumatische Erfahrung: »Dann hat man sie in ein Altersheim gegeben, wo sie 1928 elendiglich eingegangen ist. Ich habe es meinem Vater nie verziehen, und das hat er gewußt, und das hat auch immer zwischen uns geschwelt. Es ist nie ausgeräumt worden, leider.« Eine Barriere, verstärkt auch durch ihr eigenes Schuldgefühl. Denn mit der wachsenden Zahl ihrer Aktivitäten und der größeren räumlichen Distanz waren auch ihre Besuche bei dem »geliebtesten Menschen« immer seltener geworden.

Die »Goldenen Zwanziger« waren, was die Wohnungsnot in Berlin betraf, allerdings allgemein grausame Jahre. Im Dezember 1929 veröffentlichte das Städtische Statistische Amt seine Bilanz des Fortschritts. Noch immer gab es in der Vier-Millionen-Stadt fünfzigtausend Schlafgänger, die also im Schichtwechsel ein *bed-sharing* betrieben, und einhundertvierundvierzigtausend Zimmerabmieter, wie die Untermieter damals hießen. Einhundertsechsundvierzigtausend Berliner Haushaltungen mußten den knappen Raum mit Fremden teilen. Auch die Küche wurde als »Wohnraum« gezählt, und eine Wohnung galt erst dann als »übervölkert«, wenn mehr als zwei Personen pro »Wohnraum« gezählt wurden.

Es war also nicht hergeholt, wenn Hermann Kesten in seinem Schauspiel *Wohnungsnot*, das im Theater am Schiffbauerdamm aufgeführt wurde, den fünfzehnjährigen Helden des Stückes über das Alte Testament und seine Nutzanwendung nachsinnen ließ:

»In dem frömmsten Buch der Welt stehen die meisten Flüche, darum nennt man es heilig und Bibel. Aber ein Fluch fehlt: Du sollst einem Wohnungsamt untertan sein, und in einem einzigen Zimmer sitzen und warten, ohne Geld, aber mit vielen Angehörigen, bis ins vierte und fünfte Geschlecht! Aber dieser Fluch hätte sogar die Bibel gesprengt!«

Auch die »Raffkes« hatten, wenn sie sich denn nicht eine eigene Villa bauten, das Nachsehen, wie Gabriele Tergit 1978 in ihrem Buch »Käsebier erobert den Kurfürstendamm« belegt:

»Die Kriegsgewinnler, die Inflationsgewinnler waren Untermieter oder waren noch in ihren alten Wohnungen. Leute, die gestern noch nichts hatten und heute alles, kamen nicht zur Freude an ihrem Glück. Denn sie hatten keine Räume, die sie mit allem erträumten und jetzt erreichten Luxus füllen konnten...

Die einst Vermögenden hielten noch ihre großen Wohnungen als einzigen Besitz. Im schwarzen Musikzimmer schlief eine Serbin, im Renaissance-Herrenzimmer ein Student, ins romantische Eßzimmer war ein Ungar gekommen, und in den Hinterzimmern wohnte eine russische Familie. Die Besitzerin hatte sich auf ein Stübchen neben der Toilette zurückgezogen oder hatte die ganze Wohnung vermietet, um sich ernähren zu können …

Um 1927 herum begann es endlich wieder so etwas zu geben wie einen Wohnungsmarkt. Und zwar für Wohnungen über vier Zimmer. Die Zwangswirtschaft wurde gelockert. Das Amt des Wohnungsvermittlers blühte. Trotzdem war das Erlangen einer Wohnung eine schwer und mühsam zu erarbeitende Geheimwissenschaft …«

Julius Meysel hatte sich bereits zwei Jahre vorher als gewiefter Adept erwiesen. Er hatte es nach seiner Heimkehr mit dem Anschluß an die Arbeitswelt weiß Gott nicht leicht gehabt, hatte in der Zigarettenbranche als Vertreter begonnen, was sehr schwer war mit dem einen Arm. Doch mit großer Tüchtigkeit arbeitete er sich hoch und bekam allmählich von immer mehr großen Zigarettenfirmen die Generalvertretung übertragen, so daß er schließlich seine eigene Firma, die Monopol-Generalvertretung, gründen konnte.

1925 begann auch in Deutschland die Wirtschaft wieder zu florieren, wobei sich Wirtschaftstheoretiker bis heute streiten, ob es sich um eine echte oder nur um eine Scheinblüte handelte. Für die Geschäfte von Julius Meysel jedenfalls war es keine Scheinblüte, denn Tabak war, solange es Nachschub gab, ein krisenfester Artikel.

Mit seiner Tüchtigkeit gelang es Julius auch, den Lebensstil seiner Familie zu verbessern. Er machte eine große Überraschung daraus, schickte Gretchen mit den beiden Kindern auf eine halbe Weltreise zu einer Adresse in der Badenallee in Charlottenburg, ziemlich genau zwischen Funkturm und Olympia-Stadion gelegen. Die Rabauken kamen bei dem herrschaftlichen Haus bereits etwas gereizt an, weil sie U-Bahn fahren und am Wittenbergplatz auch noch umsteigen mußten – eine schreckliche Sache.

Eine Dame öffnete und führte sie in die Fünf-Zimmer-Wohnung im Parterre, die Julius als Überraschung gemietet hatte. Alle Fenster waren geöffnet, und die Dame sagte vornehm freundlich: »Sie werden sich sicher freuen, es ist eine wundervolle Zeit gerade im Mai, und der ganze Jasmin kommt herein!« Der zehnjährige Harry ließ sich von der Eleganz des neuen Domizils und der traumhaften Natur nicht verblüffen: »Was sagt die, der Jasmann kommt her?«

Und dabei blieb es. Jedes Jahr, wenn die Jasminsträucher rund ums Haus zu blühen anfingen, dann hieß es: »Na, was sagt ihr? Der Jasmann kommt jrade wieder rin!«

Zentrum der feudalen Wohnung war ein großes

Herrenzimmer mit schweren Ledersesseln und einem für die zierliche Inge riesenhaften geschnitzten Kronleuchter. Auf der einen Seite lockte ein kleiner Wintergarten, auf der andern führte eine reizvoll verspiegelte Schiebetür zum Eßzimmer, das Julius Meysel in seinem unerhört guten Geschmack, der für seine Familie jedoch zu modern war, bis auf die Stuckrosette in der Mitte der Decke blutrot hatte tapezieren lassen, mit roten Samtschabracken vor den weißen Fensterrahmen.

Gretchen wurde bei dem Anblick beinahe ohnmächtig. Inge sagte zu ihrem Bruder: »Das ist das Zimmer von Maria Stuart! Hier ist sie hingerichtet worden!«

Aber Julius Meysel ließ nicht mit sich reden. Das Eßzimmer blieb so, bis die Familie 1934 gezwungen wurde, auszuziehen. Der Hausbesitzer bestand erbarmungslos darauf, daß der ursprüngliche Zustand des Zimmers wiederhergestellt wurde, so daß er es dem »arischen« Nachmieter in blütenweißem Zustand übergeben konnte.

Doch noch waren die dunklen Wolken nicht einmal hinter dem Horizont zu ahnen. »Diese Wohnung«, sagte Julius als umsichtiger Familienvorstand zu seiner Grete, »ist nicht so schnell sauberzumachen wie die kleine Wohnung in der Cadiner Straße – wir brauchen ein Mädchen. Aber ich möchte gern ein Mädchen nehmen, das auch zugleich eine Köchin ist. Und du kaufst ein und paßt auf alles auf und kannst auch mithelfen. Aber von jetzt an hat das Mädchen hier das Sagen.«

Kein Wunder also, daß Grete bei der Auswahl in jeder Hinsicht auf der Hut war. Wenn die Kandidatinnen selbstbewußt auftraten, kriegte sie erst recht einen Schreck und sagte: »Nein!« Bis Julius die Geduld verlor und bei einer »Schluß!« sagte. Die hieß Ottilie. Bereits nach einer Woche lachten sich die Kinder halb tot über »Ottilie, machen Sie das!« und »Ottilie, bitte kommen Sie mal rein!« Harry beschloß »Otto heißt sie!« – und dabei blieb es.

Otto ihrerseits wurde von einer Zugehfrau und einem Fensterputzer entlastet. Ein standesgemäßes Automobil mußte natürlich auch her – ein Graham-Paige, Achtzylinder, mit roten Ledersitzen. Und da Julius Meysel mit seinem einen Arm nicht Auto fahren konnte, und Grete schon gar nicht, wurde auch ein Chauffeur engagiert – Herr Weber. Der bald allerdings Panne-Weber hieß. Denn es gab keinen Ausflug, bei dem nicht alle irgendwann aussteigen mußten, weil entweder ein Rad gewechselt werden mußte, oder die Kerzen verrußt waren. Die Kinder hänselten: »Panne-Weber, Panne-Weber«. Und der Chauffeur drohte: »Eines Tages krieg ich euch noch und schlag euch alles um die Ohren!«

Aber das machte er nie wahr, denn bis auf seinen Dauerkrieg mit dem empfindlichen, diva-haften Luxus-Gefährt war er ein wundervoller Kerl.

»Nun löcherte ich alle mit meinen Gedichten«

Die Geschwister waren sehr verschieden. Harry, eine blonde Schönheit, war dank des langen Verweilens an der mütterlichen Brust unendlich schüchtern – eine Eigenschaft, die sich sehr zum Bedauern seiner Schwester jedoch im Alter von zehn verlor. Bis dahin hing er am Rockzipfel der Mutter und guckte dahinter hervor. Wenn Besuch kam, schob er seine kleine Hand vor, zog sie sofort wieder zurück und begann zu weinen, wenn er in seiner vollen Anmut präsentiert werden sollte, so daß die Mutter ihn sofort wieder hinter ihrem Rock versteckte. Inge hingegen stürzte sich auf die Neuankömmlinge, knickste und erkundigte sich mehr fordernd als fragend: »Soll ich Ihnen was vortanzen?«
In großbürgerlichen jüdischen Familien gehörte der Darbietungs-Terror zum guten Ton. Der Stolz der Eltern, wenn sie ihr jeweiliges Wunderkind präsentierten, das – meist mit einer Geige bewaffnet –

bereits im Hinterhalt lauerte, kristallisierte sich in dem geflügelten Wort: »Mein Sohn gebt sech die Ehre!« Und dann war da gegen die Ehre nichts zu machen. Die kleinbürgerliche und halbdänische Grete zeigte hingegen wenig mütterlichen Stolz: »Bitte gib Ruhe, ja! Inge, gib Ruhe!«

Doch Inge machte desungeachtet unerbittlich ihre Drohung war: »Soll ich Ihnen mal den *Müden Tod* vortanzen?« Das war ihre Lieblings-Piece auf Spitze, die sie »bis zur Bewußtlosigkeit« wohl auch des Publikums auskostete. Es handelte sich dabei um den *Sterbenden Schwan* der Anna Pawlowa, der auch von den anderen Schülerinnen der Ballettschule so genannt wurde, weil man sich bei aller Unverfrorenheit doch ein wenig schämte, der großen Russin etwas weggeklaut zu haben.

Inge Meysel beharrt darauf, daß dieser Tarnname nicht von dem gleichnamigen Stummfilm von Fritz Lang aus dem Jahr 1921 inspiriert, sondern schon vorher benutzt wurde. Wenn wir ihr also Glauben schenken wollen, dann wären wir einem Treppenwitz der Filmgeschichte auf der Spur. Dann würde das bedeuten, daß die Drehbuchautorin Thea von Harbou ihrerseits Opfer einer solchen Tanzdarbietung in einem befreundeten Hause gewesen war und angesichts des hingebungsvollen Verdämmerns eines noch halb kindlichen Klappergestells zu ihrem Filmtitel inspiriert wurde. Es wäre nicht der einzige

Film, der auf solchen abseitigen Anregungen basierte.

Der Besuch der Ballettschule fiel allerdings ab 1921 flach, weil die Leistungen am Lyzeum durch diese und andere vorrangige Aktivitäten wie Völkerball, Handball, Radfahren und den Aufenthalt in den Hinterhöfen etwas zu wünschen übrig ließen.

Die überaktive kleine Person litt maßlos unter dem Entzug. Doch bald fand sie für sich Ersatz. Julius Meysel oblag auch der schönen Literatur und las im Kreis der Familie aus den deutschen Klassikern vor. Solche Pflege des kulturellen Erbes war bei den gebildeten Menschen gerade in jenen zerrissenen Jahren eine Form geistiger Hygiene und wie die Hausmusik ohne alle öffentliche Ambition – im Gegenteil. Jule-Pa konnte also nicht ahnen, daß er die Büchse der Pandora geöffnet hatte.

Inge verlegte sich auf das gesprochene Wort: »Ich tanzte nun nicht mehr zu Hause, ich fing an zu rezitieren. Nun löcherte ich alle mit meinen Gedichten.« Und dagegen war der *Sterbende Schwan* ein bescheidenes Hors d'oeuvre gewesen. »Die Bürgschaft« mit allen zwanzig Strophen im Kopf behalten – das konnte jeder. Doch sie ließ es dabei nicht bewenden, schulte sich und das Ohr der Gäste an Heine, Goethe, Mörike und am liebsten an den Frühlings-Gedichten von Eichendorff: »Damit habe ich alle schwach gemacht.«

Gerade bei Eichendorff hätte sie es kurz und passend machen können wie mit dem Vierzeiler »Übermut«:

»Ein' Gems auf dem Stein,
Ein' Vogel im Flug,
Ein Mädel, das klug,
Kein Bursch holt die ein.«

Doch die Würze lag in der Länge. Und die weitete sich allmählich zu ganzen Kleist-Novellen aus.

Als weitere Fügung des Schicksals erwies sich, daß Inge auch nach dem Umzug in die Badenallee ihre alte Schule, das Margarethen-Lyzeum in der Ifflandstraße, nicht gegen ein näher gelegenes Institut tauschen wollte. Die mehr als halbstündige U-Bahn-Fahrt zum Alexanderplatz war eine zu günstige Gelegenheit, um noch schnell die Hausaufgaben zu machen.

Ab Untersekunda machte sich dieser Entschluß doppelt bezahlt. Die Direktorin fand, daß der deutschen Dichtkunst im Lehrplan zu wenig Platz eingeräumt war, und bot auf freiwilliger Basis zusätzliche Literatur-Stunden an, die von einem ehemaligen Schauspieler gehalten wurden. Nun konnte Inge ihre Gedichte, Balladen und Novellen vor einem berufenen Ohr vortragen und heimste viel Lob ein.

Auch die Direktorin wohnte einmal einer solchen Stunde bei und kam zu dem Schluß: »Wenn Inge nur halb soviel in Mathe könnte wie hier in der Literaturstunde, dann würde ich sagen: Sie ist ein kleines Genie. Aber sie ist kein Genie, sondern sie ist ein sehr faules Mädchen, und in Mathe ist sie sehr schlecht. Und in Bio muß man ihr wirklich alles eintrichtern.«

Das war ein Ritterschlag. Und damit hatte sich für das Mädchen ein für allemal herausgestellt: »Ich gehe zum Theater!« Sie begann ihre Eltern zu drangsalieren: »Ihr habt mir schon das Tanzen vermasselt. Und darum kann ich nun nicht steppen wie andere. Aber vom Theater werdet ihr mich nicht auch noch fernhalten!«

Daraufhin meinte der Vater: »Das kannst du alles nach dem Studium machen. Zuerst wird einmal Jura studiert.« Für die damalige Zeit ein etwas ungewöhnlicher väterlicher Berufswunsch und angesichts des reaktionären Zuschnitts der Justiz nachgerade die Aufforderung zu einem Opfergang.

Inge versuchte sich hinter der Mutter zu verschanzen: »Ich mache nicht mal das Abitur, damit er es weiß! Ich mache es nicht, ich sag's ihm nur nicht!«

Worauf sie zur Antwort erhielt: »Mach doch nicht immer Schwierigkeiten. Du bringst schon genug Unruhe in diese Familie!«

Die schwelende Krise spitzte sich eines Nachts zu einem dramatischen Ausbruch zu. Jule-Pa kam gern spät nach Hause und lag dann bis zwei, drei Uhr früh in der Badewanne. Aufgeweicht, wie er war, stellte ihn seine Tochter und überschüttete ihn mit Stefan Zweigs Legende »Die Augen des ewigen Bruders«.

Zweig borgte für dieses Werk bei den hinduistischen Gesängen der Bhagavadgita, schildert gleichnishaft das Schicksal des edlen Kriegers Virata im Land der Birwagher, der im Dunkel der Nacht nicht nur die feindliche Armee schlägt, sondern auch seinen Bruder tötet, der zum Feind übergelaufen war. Worauf er nie wieder ein Schwert in die Hand nehmen will und ob seiner Weisheit vom König zum obersten Richter ernannt wird. Nie verurteilt er zum Tode, nur zu Kerker und meint, er habe die Strafe gerecht gemessen.

Bis er an einen Aufsässigen gerät: »Gerecht gemessen? Wo aber ist dein Maß, du Richter, nach dem du missest? Wer hat dich gegeißelt, daß du die Geißel kennst; wie zählst du die Jahre an den Fingern spielerisch, als ob sie ein gleiches wären, die Stunden im Licht und die verschütteten im Dunkel der Erde? Hast du im Kerker gesessen, daß du weißt, wie viele Frühlinge du nimmst von meinen Tagen?«

Virata, der im Blick des anderen die Augen des ewigen Bruders wiedererkennt, ist betroffen, begibt sich nach kurzer Meditation zu dem Verurteilten in den tiefsten und untersten Kerker und tauscht mit ihm, nachdem er ihm die Bürgschaft abgenommen hat, nach dreißig Tagen wiederzukommen. Der Verurteilte hält den Eid und stellt sich nach Ablauf der Frist. In den Armen liegen sich beide und weinen vor Schmerzen und Freude. Doch nein – es ist komplizierter.

Der König selbst befreit aus dem Verlies Virata, dem die Foltern der Einkerkerung und Geißelung neue Einsichten beschert haben: »Laß mich ledig meines Amtes! Ich kann nicht mehr wahr sprechen, seit ich weiß: keiner kann keines Richter sein. Es ist Gottes, zu strafen, und nicht der Menschen, denn wer an Schicksal rührt, fällt in Schuld. Und ich will mein Leben leben ohne Schuld.«

Hier wohl brach die Theaterbesessene die Legende ab, und schreiend sprang ihr das eigene Wort aus dem Munde: »Ich studiere nicht Jura! Richter kann ich nicht werden. Und Staatsanwalt kommt für mich überhaupt nicht in Frage. Wenn ich Rechtsanwalt würde, würde ich nur Verbrecher vertreten. Ich habe keinen solchen Fimmel wie du! Ich werde Schauspielerin.«

So kamen Vater und Tochter um die tiefste Einsicht. Denn bis zum Ende der Legende macht sich Virata immer aufs neue schuldig, auch als Eremit, weil sein Vorbild andere verleitet, ihre Familien zu verlassen, worauf ihre Kinder Hungers sterben. Und um wie viel und in welchen unzähligen Varianten mehr kann sich ein Schauspieler schuldig machen als ein Eremit?

Doch hätte sich die Angelegenheit auch ohne das Gleichnis geklärt. Julius Meysel wurde in die Schule bestellt. Vorsichtshalber ging an seiner Stelle Grete hin, denn es bestand die Gefahr, daß er den Lehrern gesagt hätte, was er von ihnen hielt.
Die Direktorin redete also der Mutter gut zu: »Geben Sie nach, hören Sie auf, Inge zu quälen. Dieses Mädel hat zuviel Phantasie. Sie ist zu temperamentgeladen. Bis zum Abitur kommt sie sowieso nicht. Sie ist bei achtzig Prozent der Lehrer derart unbeliebt, und die anderen zwanzig Prozent lieben sie wieder so, daß das auch schon wieder unnatürlich ist. Dieses Mädel ist für das alltägliche Leben nicht geschaffen. Lassen Sie dieses Kind sich austoben. Und das kann sie nur beim Theater.«
Grete Meysel kam nach Hause und überbrachte die Botschaft: »Jule, die hat auch gesagt, das wird nichts mit Inge. Laß sie Theater spielen, laß sie zur Bühne! Da wird nichts Vernünftiges draus, hat die gesagt!«

Im Rückblick findet Inge Meysel die Vorstellungen der Direktorin etwas naiv: »Ich glaube, sie hat wirklich gedacht, Schauspieler sind Bohemiens, saufen und toben und huren und sonst was.«
Doch war dies nicht nur die Auffassung eines prüden und bornierten Bürgertums. Selbst Siegfried Jacobsohns fortschrittliche Wochenschrift »Die Schaubühne« hatte sich bereits vor dem Ersten Weltkrieg

unter der Überschrift »Theater und Prostitution« des heiklen Themas besorgt angenommen:
»Prostitution und Schauspielerei neigen dazu, höchste menschliche Werte, Betätigungen und ›Entladungen‹ zum Handwerk zu degradieren. Der Geschlechtsakt wie jede künstlerische Betätigung sind typische Befriedigungen des Detumeszenztriebes. Sie werden, ihrer Natur nach, nicht als Arbeit und Last, sondern als Lust empfunden. Und doch betrachtet zweifellos das Straßenmädchen so gut wie der Schmierenkomödiant seine Leistungen als Arbeit, durchweg nur als Arbeit.«
Wobei für Nicht-Lateiner der Begriff des Detumeszenz-Triebes zu klären wäre als »ein Teil des geschlechtlichen Trieblebens, der durch wechselnde Blutfülle einzelne Teile der Geschlechtsorgane beim Manne und bei der Frau zum An- und Abschwellen bringt«. Vorgänge, die durch das vegetative Nervensystem gesteuert werden. Auf das Theater übertragen, heißt das, daß jemand »aus dem Bauch« spielt.
Doch legt der Autor Wert auf Differenzierung:
»Die besondere Bedrohung für die Schauspielkunst durch die Prostitution scheint mir nun – von allem Materiellen abgesehen – darin zu liegen, daß die Dirne eine raffiniert ausgebildete Technik mitbringt dafür: eine Last zu empfinden und Lust vorzutäuschen. Nur so ist zu begreifen, daß sich häufig die breite Masse der Theaterbesucher von einer hunde-

schnäuzigen Kokotte falsche Gefühle vorspiegeln läßt. Der Theaterkenner allerdings dürfte – trotz vielen mehrdeutigen Zwischenformen – die Bühnenkünstlerin, die sich gelegentlich, aus Not oder Neigung oder aus beiden Gründen, prostituiert, von der horizontal Erwerbstätigen, die gelegentlich, aus Eitelkeit oder zur Erleichterung ihres Geschäfts oder aus beiden Gründen, zum Theater geht, leicht unterscheiden. Für jene wird stets die künstlerische Karriere, für diese der Gelderwerb die Haupttriebkraft sein.«

Wenn wir von diesem Text aus dem Jahre 1912 ein wenig den Staub abklopfen, kommt darunter ein Perpetuum der Schauspielerei zum Vorschein. Neben den ernsthaft um Gestaltung Bemühten gibt es wie eh und je die falschen Gefühle der »hundeschnäuzigen Kokotten«, der Rampen-Tigerinnen und Berufs-Biester, denen es immer nur um ein einziges Werk geht – das der Selbstdarstellung.

Nun möchte man allerdings doch annehmen, daß diese strenge Betrachtungsweise der Kaiserzeit, in der große Schauspielerinnen sich noch als Priesterinnen ihrer Kunst betrachtet hatten, in den flotten Zwanzigern überhaupt kein Thema mehr war.

Doch erschien gerade in jenem Jahr 1927, als unsere Heldin so heftig um ihre Berufung zu kämpfen begann, ein einschlägiges Werk, das trotz des anreißerischen Titels »Komödiantin – Dirne? Der Künstlerin Leben und Lieben im Lichte der Wahrheit« durchaus seriös gemeint war. Sein Verfasser war der Medizinalrat Dr. Bernhard A. Bauer, Spezialarzt für Gynäkologie, der bereits die Bücher »Wie bist du, Weib?« und »Weib und Liebe« vorgelegt hatte. Nicht unbedingt ein Theater-Experte also, aber einer, der auf reichem Erfahrungsschatz aufbauen konnte.

Scharf beobachtend zieht er die Parallele von der Phantasiewelt des Kindes zur Komödiantin, deren hervorstechendstes Merkmal »wohl unbestreitbar ein gewisser Grad von Infantilismus« ist: »In dieser Art ihres Strebens übt die Künstlerin – wie das hemmungsarme Kind – eine Tyrannis über ihre Mitmenschen aus.«

Das kommt uns schon vertrauter vor. Und vollends können wir uns ihm anschließen, wenn er auch für den Übelwollendsten klarmacht, was die Komödiantin grundlegend von der Dirne unterscheidet:

»Sie arbeitet!

Auch sie sucht jenen großen Lustgewinn, den wir alle erstreben. Dieser konzentriert sich aber vornehmlich auf jene große Lust, die ihr durch die künstlerischen Erfolge geboten wird. Denn ihr Leben ist neben dem der Liebe ein Leben des Strebens und der schweren, rastlosen Arbeit; das Leben der Dirne aber ist nur ein Leben des Müßigganges und der Arbeitsscheu!«

Womit also der Beweis erbracht wäre, daß sich Inge Meysels Direktorin auch im Rahmen der Auffassung der Zeit gründlichst in ihrer Schülerin getäuscht hatte. Inge war nicht »faul«. Sie wollte sich nur keinen Monat länger durch Nebensächlichkeiten von ihrer Vision eines Lebens des Strebens und der schweren, rastlosen Arbeit abhalten lassen.
Und da war als erste Hürde die Aufnahmeprüfung in eine Schauspielschule zu nehmen.

»Donnerlittchen, wissen Sie nicht, wer Klabund ist?«

Ahnungsvoll, daß das Beste gerade gut genug für sie wäre, hatte sich Inge heimlich zur Aufnahmeprüfung für die Schauspielschule des Staatlichen Schauspielhauses angemeldet. Außerdem war das die einzige Schule, in der der Unterricht gratis war. Was wiederum ihrer zweiten Ahnung, daß Jule-Pa für solche Flausen kein Geld locker machen würde, aufs Schönste entgegenkam.

Im Schauspielhaus regierte als Nachfolger des kaiserlichen Verwesers Graf Hülsen-Haeseler seit 1919 der Königsberger Leopold Jessner, der gleich in seinem ersten Jahr mit einer expressionistischen Inszenierung des *Wilhelm Tell* Revolution gemacht hatte. Eine Treppe, jäh ansteigend, über die ganze Bühnenbreite.

»Hier wird ja das Rütli zum Kapitol«, hatte Alfred Kerr unter römisch Zwei seiner Kritik vermerkt. »Hier erlebt man eine stilisierte Schweiz; eine naturlose Schweiz; eine begriffliche Schweiz; nicht eine greifbare Schweiz. Die Schiller-Schweiz aber ist greifbar. Immerhin: die Leute reden jetzt wie Menschen. Früher war alles umgekehrt: die Landschaft war echt und die Menschen unecht. Dann schon lieber so wie heut!«

Und Julius Bab behielt den Abend als einen seiner unvergeßlichsten Theater-Eindrücke in Erinnerung: »In dieser Inszenierung wurde der Landvogt nicht mit seinem ersten Wort zugleich sichtbar; vor seinem Auftreten hörte man die Stimme ›Treibt sie auseinander!‹ Und dieser Klang genügte. Der Ton pfiff wie ein Peitschenhieb, es wurde uns eiskalt, wir fühlten brutalste Gewalt.«

Dieser Geßler war Fritz Kortner gewesen.

Zehn Jahre später war Theater-Berlin der Experimente Jessners müde. Zur Inszenierung des *Don Carlos* kurz vor seinem Sturz meinte Kurt Tucholsky in der Weltbühne im November 1929, es würde vielmehr *Der Kaufmann von Madrid* gegeben, und Kortners König Philipp sei »König Kaftan der Erste«.

In der gleichen Zeitschrift blies Harry Kahn zum Halali:

»...es wird von denen, die über Jessners Entwicklung den Kopf schütteln, stets vergessen, daß seine großen und durchaus verdienten Anfangserfolge in erster Linie auf zwei Negationen beruhten und daß, nachdem deren Effekt sich erschöpft hatte, sowohl der Impetus als der Nimbus der ganzen Persönlichkeit sich verflüchtigen mußte. Als Intendant war Jessner zunächst einmal der Nicht-Hülsen; als Regisseur vor allem der Nicht-Reinhardt.«

Wir können also davon ausgehen, daß Professor Jessner auch schon im Jahre 1927 auf dem Ohr Reinhardt nicht besonders gut hörte. Und da machte die kleine Aspirantin Inge Meysel gleich mehrere Fehler.

Nicht nur Stefan Zweigs indische Legende war ihr ans Herz gewachsen. Es war auch die Zeit, in der es von Nachfälschungen fernöstlicher Lyrik nur so blubberte, in der die Dichter, und besonders die lungenkranken unter ihnen, es nicht unter einem Haiku pro Tag machten. Falls sie nicht so faul wie Brecht waren, von dem Tucholsky behauptete: »Bert Brecht hat einen schönen Dreh gefunden: das kleine Einmaleins in getragenem Sing-Sang vorzulesen, wie wenn es die Upanishaden wären. Banalitäten feierlich aufsagen: das bringt vielen Zulauf.«

Alfred Henschke, der sich Klabund nannte, bearbeitete darüber hinaus als erster ein Drama des Li-Hsing-Tao aus dem 13. Jahrhundert, eine chinesische Variante zum Urteil Salomonis, in welcher der wahren Mutter und der falschen aufgegeben wird, ihr Kind auf ihre Seite aus einem Kreidekreis zu ziehen.

Der rohe, auf exzessive Darstellung von Prügelstrafen fixierte Urtext konnte den feinen Nerven des Nachdichters nicht entsprechen. Und auch Max Reinhardt nicht, der Klabunds *Kreidekreis* am 20. Oktober 1925 in seinem Deutschen Theater mit Elisabeth Bergner in der Hauptrolle der Haitang in Szene setzte.

Alfred Polgar hatte offenbar nicht die Antenne dafür: »Zierliche Musik umsummte, ein Ton-Mücken-Schwarm, die Vorgänge. Holzstäbchen klapperten, es klang wie das Klopfen eines Morseapparats aus einem nahen chinesischen Postamt, tuschfarbene Heinzelmännchen huschten, und viel liebliches China-Zeremoniell sorgte für längere Weile des Abends ... Fräulein Elisabeth Bergner genießt rechtens so gewaltigen künstlerischen Kredit, daß das Parkett sich von ihrer hohen Begabung betäubt zeigt, auch wenn diese sich gar nicht manifestiert. Wie zum Beispiel hier, im *Kreidekreis*, in dem Fräulein Bergner drei Stunden lang mit einem einzigen Ton – er klingt wie das Wimmern eines Kätzchens, das in den Brunnen gefallen ist – auskommt. Doch war sie sehr rührend ...«

Es entsprach wohl dem, was ein Berliner Kunstsachverständiger in einer Ausstellung in jenen Jahren über eine verführerisch gemalte »Rahmenarbeit« äußerte: »Das ist so hübsch – wenn man nicht wüßte, daß es Kunst ist, würde man denken, es ist Kitsch!«

Doch Theater-Berlin war »bergnerisiert« und genoß

über sechzig Vorstellungen ihre Haitang. Da der Manierismus der Bergner zur Übernahme geradezu verleitete, bot sich für ein waches Talent, das nicht als Gretchen am Spinnrad oder als Lieschen am Brunnen tausendmal Ausgeschöpftes abspulen wollte, die Rolle als Vorsprechkiste geradezu an.

Inge Meysel jedenfalls trat in ihrer feierlichen Stunde der Prüfung hinaus auf die Bühne der Musikhochschule in der Fasanenstraße, mit der sich die Schauspielschule die Räume teilte, machte einen Knicks und sagte: »Ich möchte gerne die Haitang vorsprechen!«*
Professor Jessner, der in einer der vorderen Parkettreihen saß, legte seine Hand ans Ohr: »*Was* wollen Sie vorsprechen?«
Vielleicht stieß dem kantigen, schroffen Neunundvierzigjährigen dabei der geschmäcklerische Serienerfolg seines unmittelbaren Konkurrenten in der Erinnerung noch einmal sauer auf.
Doch die Siebzehnjährige, von ihrer Mission erfüllt, ließ nicht so mit sich umspringen: »Ich bin an die Rampe gegangen, und mein Jähzorn, den ich ja immer hatte, hat mich gepackt, und ich habe gesagt: ›Ja Donnerlittchen, wissen Sie denn nicht, wer Haitang ist? Das ist der *Kreisekreis* von Klabund, einem unserer bedeutendsten modernen Dichter!«
Leichtes Gelächter aus den hinteren Parkettreihen,

wo die weiteren Prüfer saßen. Es klang wie Zustimmung.

Und dann hub die Kleine auf der Bühne an. War es die jammervolle Beschwörung des durch und durch korrupten Richters im dritten Akt: »Mein Schoß verdorrt? Ich unbegnadet? Das heiligste Recht des Weibes mir nicht verliehen?« Oder das Happy-End mit Kind und Kaiser: »Mein Kind! Mein Kind! Mein Pantherköpfchen, mein Luchsäuglein, mein Hasenöhrchen, mein Aprikosenwängelein, mein Pfirsichärschlein ...?«

Man weiß es nicht.

Als sie geendet hatte, fragte sie: »Kann ich noch was vorsprechen?«

Darauf Jessner: »Nein danke, das ist genug!«

Darauf wieder sie mit einem Knicks, aber doch nachhakend: »War's gut?«

Und Jessner: »Sie kriegen Bescheid!«

Die also ungnädig Entlassene fand sich im Foyer wieder, wo weitere Kandidatinnen und Kandidaten in den Startlöchern für den Anlauf aufs Schafott knieten.

Bevor sie nachdenken konnte, was denn nun schiefgelaufen war, öffnete sich eine der Türen zum Zuschauerraum. Heraus trat eine etwas füllige blonde Fee, die Aura der Göttin durch einen strengen Herrenschnitt etwas gemildert – Lucie Höflich, zu jenem Zeitpunkt vierundvierzig und bereits Legende.

1913 hatte ihr der dreiundzwanzigjährige Tucholsky eines seiner ersten Porträts gewidmet: »Selbst wenn sie einmal fröhlich ist, ein stilles Glück hat, wenn sie strahlt – immer ist ein unterdrücktes Weinen in ihrer Stimme ... Und sie scheint mir am rührendsten zu sein, wenn sie vor der Katastrophe steht, wenn sie noch das Glück in Händen hält – aber schon naht irgend etwas.« Und bezog seine Erweckung zum Theater auf eine Reinhardt-Inszenierung im Jahr 1904: »Als Junge sah ich sie in einer der ersten Vorstellungen der *Minna von Barnhelm*, einem Lustspiel, in der Soubrettenrolle der Franziska. Ich heulte, wie ein Kind, das seine Milch nicht bekommen hat, die ganze Nacht.«
Das also war Lucie Höflich, die nun abermals Schicksal spielte: »An dieser Schule, mein Kind, wirst du bestimmt nicht angenommen. Aber du fährst jetzt zum Kaiserdamm 114 zu dieser Adresse und sagst, Frau Höflich hat dich geschickt. Ich unterhalte mich dann am Nachmittag mit Frau Grüning.«
Inge machte ein weiteres Mal ihren Knicks: »Ach, das hat mein Vater auch gesagt, zu der soll ich hin!«
»Dann hast du einen vernünftigen Vater!« sprach die Höflich und kehrte wieder zu den anderen Prüfern zurück.

In der Tat hatte Julius Meysel in einer der aufreibenden Diskussionen eine Latte gelegt, von der er wohl annahm, daß seine Tochter sie nicht nehmen würde: »Also es gibt da eine Schauspielerin, die heißt Ilka Grüning.«

»Wer ist denn das?«

»Die hat eine Schule, und wenn die dir sagt, daß du begabt bist und Schauspielerin werden kannst, dann kannst du es werden. Sonst...«

Nach dem Umweg über Jessner und die Fasanenstraße – bildlich wie geographisch, denn der Kaiserdamm lag ohnehin auf dem Weg nach Hause – machte sich unsere Heldin nun auf zur zweiten Prüfungsstätte, wo die Entscheidung über ihre Zukunft definitiv fallen mußte. Schauspielhaus oder Schauspielschule Grüning-Höflich – das waren in jenen Jahren die einzigen allgemein anerkannten Alternativen.

Ilka Grüning war – ganz im Gegensatz zu Lucie Höflich – für Inge Meysel zu diesem Zeitpunkt noch kein Begriff, obwohl es laut eigener Aussage keine Vorstellung gab, welche sie nicht gesehen, kein Buch über Theater, das sie nicht verschlungen hatte. Lassen wir die sträflich Unwissende also noch kurz in der U-Bahn zappeln und abermals in eine Zeit tauchen, in der die Rezensenten mit den Mimen konkurrieren konnten, was die Fülle des Ausdrucks und die psychologische Durchdringung betraf.

Herbert Iherings Porträt von Ilka Grüning aus dem Jahr 1913 liefert uns ein erstes Beispiel:

»Auch ihrer Kunst wurde zuerst der Weg durch physische Vorbedingungen gewiesen. Ein kratziges, schartiges, meist in allen Registern zugleich schnarrendes Organ, ein merkwürdig großer, männlicher Kopf bestimmten Ilka Grüning von vorneherein für Gestalten, die außerhalb der Linie zarterer Weiblichkeit lagen. Hätte sie aber einzig den Befehlen ihres Körpers gehorcht, sie wäre eine Triebschauspielerin geworden, der nur wegen der physischen Begrenzung ihrer Mittel jede Größe abgegangen wäre. Statt dessen wurde Ilka Grüning der bedeutendste weibliche Charakterdarsteller Berlins, weil es ihrer Intelligenz, ihrem Willen gelang, diese Defekte zu positiven Werten auszuarbeiten.
Jede drastische Charakterkunst ist in dem Grade wertvoll, wie dem Künstler die Beherrschung, also die Hervorkehrung oder Verdeckung organischer Besonderheiten gelingt. Darum ist Ilka Grüning eine Meisterin. Sie verschärft die widerspenstige Kratzigkeit ihrer Stimme, daß sie klingt, wie wenn man mit Sandpapier über rostiges Eisen fährt, sie geht schlampig, glotzt blöde und verschmitzt zugleich – und ein ganzer Typus ist fertig. Verluderte alte Weiber, kuppelnde Mütter, heruntergekommene Hofschauspielerinnen, zweifelhafte Prinzessinnen, gealterte Zirkusdamen ...
Aber auch stille, echte, gerade Frauen gelingen Ilka Grüning ... Frauen, die um alles betrogen sind und

durch Arbeit und Plackerei ihr Leben fristen. Ilka Grünings Stimme zittert nun und klingt schwer, stumpf, müde. Dann wieder hart, rauh, bestimmt. Die Stimme einer immer Getäuschten und immer Hoffnungsvollen. Die Stimme einer Tapferen, einer Kämpferin ...«

Fast wäre man in Versuchung, wenn es nicht so abgeschmackt wäre, zu ergänzen: einer Mutter der Nation.

Als Ihering diese Huldigung verfaßte, war die Wiener Jüdin dreiunddreißig, Berlins bedeutendster weiblicher Charakterdarsteller eben, mit schonungslosem Mut zur inneren und äußeren Maske. Einige Jahre später begann es, daß ihr Gedächtnis sie auf der Bühne im Stich ließ. In den Zwanzigern trat sie nur noch gelegentlich auf, widmete sich vor allem der Ausbildung des Nachwuchses.

Vor dieser großen, inzwischen neunundvierzigjährigen Frau stand also nun die siebzehnjährige Inge Meysel, gab ihre Referenz ab und maulte über die Behandlung durch Professor Jessner. »Kennen Sie die Haitang vielleicht auch nicht?«

»Doch, die kenne ich. Was hast du denn sonst noch gelernt?«

»Natürlich habe ich die Luise gelernt und das Lieschen und ... Na ja, das hätt ich den Idioten auch noch vorsprechen können ...«

Ilka Grüning führte sie in den Raum, in dem sie

unterrichtete, setzte sich an einen großen Tisch, auf dem ein Lesepult stand und fragte arglos, ob sie die Stichworte geben solle.

»Nein, ich kann doch alles«, sprudelte Inge ungeduldig. »Ich spreche auch den Part der anderen mit! Das hab ich doch alles mitgelernt!«

Worauf die Gründing meinte: »Das wird ja immer prachtvoller!«

Nachdem zum zweiten Mal an diesem Tag Haitang ohne Beihilfe zum Zug gekommen war, gab es sogar die Aufmunterung: »Sehr hübsch. Nun mach weiter.«

Da schwoll dem jungen Mädchen der Mut gewaltig, und sie brachte die große Szene der Luise aus dem ersten Akt von *Kabale und Liebe* zu Gehör:

»Ich versteh' Ihn, Vater – fühle das Messer, das Er in mein Gewissen stößt; aber es kommt zu spät. – Ich hab' keine Andacht mehr, Vater – der Himmel und Ferdinand reißen an meiner blutenden Seele, und ich fürchte – ich fürchte ...«

(Inge Meysel als Vater): »Da haben wir's! Das ist die Frucht von dem gottlosen Lesen.«

(Inge Meysel, wieder als Luise): »... ich bin ein schlechtes, vergessenes Mädchen. (Erschrickt an dem Wort und stürzt ihrem Vater zu.) Doch nein, nein! verzeih' Er mir. Ich will ja nur wenig an ihn denken – das kostet ja nichts. Dies bißchen Leben – dürft' ich es hinhauchen in ein leises, schmeichelndes Lüftchen, sein Gesicht abzukühlen! – Dies Blümchen Jugend – – wär' es ein Veilchen, und er träte drauf, und es dürfte bescheiden unter ihm sterben! Damit genügte mir, Vater!«

Als sie zu Ende war, hatte Ilka Grüning Tränen in den Augen.

Stolz sagte Inge: »Ist gut, Frau Grüning, nicht?«

Ilka Grüning wischte sich die letzten Tränen aus dem Gesicht: »Nach meiner Meinung wirst du eine der besten Komikerinnen, die ich je erlebt habe!«

Anderen wäre die Spucke weggeblieben, oder sie hätten sich in einen Weinkrampf geflüchtet. Doch nicht so Inge, die nun zu ihrer wahren Form auflief und vor Zorn sprühte: »Ich werd Ihnen mal was sagen! Ich bin nicht nur hier, weil Frau Höflich mich geschickt hat. Und es tut mir sehr leid, daß Sie jetzt über mich gelacht haben. Ich bin nämlich auch wegen meines Vaters hier, der behauptet hat, daß Sie die größte Schauspielerin überhaupt sind. Und vor seinem Tod – also ich meine, als er dachte, daß er sterben muß – hat er aus Frankreich zwei Briefe geschrieben, hat er mir erzählt. An meine Mutter und an Sie, weil Sie die Mutter Aase gespielt haben, und er Sie zehn Mal angesehen hat. Und jetzt lachen Sie über mich!«

Ilka Grüning wurde nachdenklich: »Dein Vater hat mir geschrieben?«

»Ja, vor der Schlacht an der Somme. Und wenn ich

»Mit dem Herzen einer guten Fee, dem Temperament einer Hexe und der Saftigkeit eines aus Ackererde gekneteten Menschenkindes ...«: Ilka Grüning als Mutter Aase in »Peer Gynt« von Henrik Ibsen, Lessing-Theater, Berlin 1913

nach Hause komme, dann erzähle ich ihm, was Sie gemacht haben. Sie hätten sagen können, daß ich nicht begabt bin. Oder, daß Sie nicht richtig hören können wie Herr Jessner. Aber daß Sie über mich gelacht haben, und ich habe gedacht, Sie hätten geweint...«

»Nun sei ganz ruhig, mein Kind«, sagte Frau Grüning, »und laß dir gesagt sein: Ein Komiker, der Menschen nicht zum Lachen und zum Weinen bringt, das ist kein Komiker. Und man kann Menschen viel eher zum Weinen bringen. Sie zum Lachen zu bringen, das ist die Schwierigkeit. Und jetzt bleibst du mal einen Augenblick ganz artig hier sitzen und wartest auf mich!« An der Tür drehte sie sich noch mal um: »Wie heißt er?«

»Wer? Mein Vater? Julius Meysel.«

»So. Du wartest!«

Ilka Grüning hatte die Mutter Aase in Ibsens *Peer Gynt* 1913 im Lessing-Theater unter Viktor Barnowsky gespielt. Friedrich Kayßler war der Peer gewesen, Tilla Durieux als Luxus-Besetzung für die Episoden-Rolle der Anitra vergeudet worden. Keine Sternstunde des Berliner Theaters, wie Siegfried Jacobsohn damals fand:

»Die Vorstellung wirkte ebenso ledern wie ungebildet. Was zündete, wird nirgends verpuffen: Aase und Solveig, an die hier überdies Ilka Grüning ihre erbar-

mungslose Aufrichtigkeit der Charakteristik, Lina Lossen ihr kunstloses Menschentum gegeben hatten. Zwischen ihnen stand Kayßler, also nicht Peer Gynt. Der ist die Lüge, Kayßler die Ehrlichkeit in Person.«
Als das Lessing-Theater mit dieser Produktion im Mai 1914 im Theater an der Wien gastierte, wurde Alfred Polgar ausführlicher:
»Eine rechte Freude, wie Frau Ilka Grüning diese treffliche, tapfere Mutter spielt, voll verliebten Grimms, naturalistisch grau und doch in Märchenfarben schillernd, mit dem Herzen einer guten Fee, dem Temperament einer Hexe und der Saftigkeit eines aus Ackererde gekneteten Menschenkindes … Bis zu Frau Aases Tod hielt die Teilnahme der Hörer stramm. Dann versank sie allmählich in den dunklen, breiten Schoß der Zwischenakte.«
Julius Meysel hatte das Übermaß seiner Verehrung an keine Unwürdige vergeudet. Daß er aber Jahre später in der Stunde tiefster seelischer Not dieses Phantombilds einer Mutter gedachte, die im wirklichen Leben zwölf Jahre älter war als er, und nicht seiner eigenen Mutter, könnte fast zu der Spekulation verleiten, daß Regine Meysel nicht aus jenem Stoff geknetet war, der Trost in der fast sicheren Erwartung des Todes geben konnte …

Ilka Grüning kam mit einer Schublade wieder, in der sich das befand, was wir heute als Fan-Post bezeich-

nen würden, leerte sie auf den Tisch und kramte in den Briefen: »Ich weiß, daß ich ihn noch habe. So was behält man sein Leben lang.«
Es war nicht schwer, den Brief zu finden. Es war ein grünlich-grauer Feldpostbrief.
Inge schaute auf den Umschlag: »Nee, da irren Sie sich. Das ist nicht von meinem Vater. Das ist nicht seine Handschrift.«
Die Adressatin, die das sehr persönliche Dokument schon wieder wegstecken wollte, zeigte ihr den Schluß des Briefes mit Julius Meysels Unterschrift. Und die Tochter sah zum ersten Mal die Schrift des Vaters, als er noch mit der rechten Hand geschrieben hatte.
Dieser Zweifel war also nun auch ausgeräumt. Und Ilka Grüning sagte: »Mit dem Unterricht fangen wir dann und dann an.«
Inge wurde zögerlich: »Erst muß ich das ja meinem Vater beibringen. Wie teuer ist denn das?«
»Habt ihr kein Geld?«
»Geld haben wir genug. Aber er gibt mir keins. Er will, daß ich erst studiere.«
»Dann wollen wir ihm doch mal einen Tort antun. Ein Mann, der so einen Brief in einer solchen Situation schreibt und dann keine achtzig Mark im Monat für seine Tochter hat, nein! Du bist ein tüchtiges Mädchen, ich kann dich gebrauchen. Du machst meine Post auf und kassierst jede Woche das Schul-

geld. Und dafür bekommst du umsonst Unterricht.«
Das tüchtige Mädchen erkannte, daß nun alles gut werden würde, und begann zu feilschen: »Dann kann ich meinem Vater also sagen, daß ich achtzig Mark bei Ihnen verdiene?«
»Also hör mal, du kriegst umsonst...«
»Nee, nee. Ich verdiene achtzig Mark.«
Ilka Grüning gab auf: »Also dann verdienst du achtzig Mark.«
Inge ging nach Hause, wartete, bis der Abend kam. Mitten unter dem Abendbrot sagte sie beiläufig zu Jule-Pa: »Damit du Bescheid weißt, ich bin Schülerin von Ilka Grüning und verdiene achtzig Mark, weil sie mir außerdem ihre Post anvertraut. Und ich wollte dir nur sagen: Ich hab mir deinen Brief durchgelesen. Der bist du ja ganz schön um die Seele und um den Leib da so rumgegangen. Nun möcht ich bloß noch wissen, was du deiner Frau so alles geschrieben hast in dieser Nacht.«
Damit war Inge durch und durfte Schauspielunterricht nehmen.

---

* In ihrer Autobiographie »Frei heraus – mein Leben« behauptet Inge Meysel, daß sie bei Jessner eine Szene aus *Arm wie eine Kirchenmaus* von Ladislaus Fodor vorgesprochen habe. Dieses Stück erlebte jedoch erst am 28. April 1928 in Breslau seine deutsche Premiere. Die fragliche Szene wählte sie vielmehr gegen Ende ihrer Schauspiel-Ausbildung für einen Rezitations-Wettbewerb im Deutschen Theater aus, bei dem Brigitte Horney für ihren Monolog der Rhodope aus Hebbels *Gyges und sein Ring* den ersten Preis erhielt.

»Ich bin eine Hauptstadt-Schauspielerin!«

Schauspielschulen sind wie Weinberge. Es gibt gute, mittlere und schlechte Jahrgänge. In Inge Meysels Klasse war die ein Jahr jüngere Brigitte Horney, bereits am Anfang die begabteste der Mitschülerinnen. Und zum Ausgleich eine in den Augen der Jüngeren ganz reife Frau, die bereits 25jährige Erna Sellmer, schon damals eine stattliche, zur Komik tendierende Person mit einem Riesenvorbau.
Wenn eine verzweifelt war, nahm sie das Kind tröstend an die Brust: »Hier kannst du dich wirklich ranlegen, hier ist was vorhanden. Bei euch sind das ja alles bloß Alleen mit kleinen Bäumchen beiderseits.«
Den Unterricht gab vorwiegend Ilka Grüning. Nur bei bestimmten Rollen hieß es: »Die wird bei Frau Höflich studiert.« So hatten die Schülerinnen allen Grund, die Nase hoch zu tragen. Lucie Höflich war nicht einfach nur Star an den Reinhardt-Bühnen, sie war das Salz der Erde.

Im Oktober 1928 inszenierte Heinz Hilpert am Deutschen Theater *Die Verbrecher*, das zweite Stück eines gewissen Ferdinand Bruckner, über dessen Identität vergeblich gerätselt wurde. Doch nicht der geheimnisvolle Autor; nicht die provokative Brisanz des Stücks, das die Verbrechen der Täter mit denen der Justiz gleichsetzte; nicht der 39jährige Hans Albers, der frisch von der Revue kommend seine erste Charakterrolle hinklotzte; nicht der 29jährige Gustaf Gründgens, der Theater-Berlin mit seinem ersten aasigen Schurken überzeugte – nicht dies alles war die Sensation, sondern Lucie Höflich.

Sie spielte die Ernestine Puschek, ein von Liebesangst und Bemutterungstrieb erfülltes, dann von Eifersucht und Rachgier besessenes spätes Mädchen, das zur Mörderin an Nebenbuhlerin und Geliebtem wird, »auf den Gipfel menschlicher Tragik hinauf«. Eine Kreatur, für deren Erschaffung sie von der Lyrikerin Else Flatau in einem schwülen Sonett angedichtet wurde, dessen Anfang lautete:

»Den Höllenreigen in dem Spiegel dort,
in dem die Masse diesseits sich beschaut,
durchbricht ein Schrei, ein urwelttiefer Laut.
Ein Schweigen schreit. Mehr als des Dichters Wort.«

Auch Weltbühne-Kritiker Harry Kahn empfand dieses »Mehr«:

»Hinter der aus unendlicher Reife und Fülle des

Herzens schöpfenden, strömenden Gestaltungskraft dieser Frau bleibt selbst die wahrlich nicht geringe des jungen Dichters zurück, dessen verdienter Erfolg ohne Lucie Höflich wohl kaum diese stürmischen Dimensionen angenommen hätte.«

So jung war der Dichter übrigens nicht, wie sich herausstellte, als er die Maske fallen ließ. Es war Theodor Tagger, Jahrgang 1891, der als Pächter des Renaissance-Theaters einen Schuldenberg aufgehäuft und als bloßer Vertreter eines fiktiven Autors gehofft hatte, die Tantiemen an seinen zahlreichen Gläubigern vorbei »transferieren« zu können.

Über einhundertfünfzig Vorstellungen bis Ende Juni 1929 stand Lucie Höflich für den »urwelttiefen Laut« gerade, davon ein halbes Hundert in der Wiener »Josefstadt«, wo Attila Hörbiger die Albers-Rolle übernahm.

»... in einer verweinten Schlußtrauer wundervoll«: Lucie Höflich als Juliane Gihle in »Vom Teufel geholt« von Knut Hamsun, Komödie, Berlin 1929

Ab November 1929 gab es in Reinhardts Komödie am Kurfürstendamm Knut Hamsuns *Vom Teufel geholt*. Lucie Höflich war die Juliane Gihle, eine unter dem Namen »Königsjuliane« einst gefeierte Varietésängerin.
Alfred Kerr sah den Autor fünfzehn Jahre nach Reinhardts erster Inszenierung etwas nüchterner: »Ein Strindhügel.« Doch über die Aufführung entrang sich ihm Äußerstes, vor allem über die Höflich unter römisch Sechs: »Sie zergeht – vor den Augen. Mit den Augen. Der Schmerz in ihr verschmalzt sich. Ihre Sehnsucht hält Schminke; die Nettheit Verzierung. Und sie war doch eine liebenswerte Person, einstens, das fühlt man; – nur in die Wechseljahre geglitscht. Mit alledem in einer verweinten Schlußtrauer wundervoll.« Einfach – man merkt es – war ein solcher Eindruck auch in neurotischer, zwanghaft auf Sexualpathologisches stierender Zeit weder herzustellen noch zu beschreiben. Aber wenn es gelang, dann heizte es an und auf.
Und was muß die »Königsjuliane« nicht auf sich nehmen: Auf dem Höhepunkt des Geschehens drückt sie die Hand der Braut ihres Geliebten in einen Kasten, in dem sich eine Kobra befindet; den tödlichen Biß aber erleidet ein ehemaliger Anbeter, der das Mädchen rettet; und zum Schluß verfällt sie wedekindisch dem schwarzen Boy des Toten.
Abermals ein Gipfel der Tragik und der Kunst.

Es ist nach all dem, was wir über die innige Verbindung zwischen Komödiantentum und Geschlechtlichkeit erfahren haben, nachgerade verwunderlich, daß Inge Meysel einerseits im Rollenstudium ihrer künstlerischen Reifung ohne Aufenthalt entgegenstrebte, andererseits an den Klüften und Abgründen, in denen ihre zweite Meisterin ihr Metier geradezu blocksberghaft ausübte, als reiner Tor entlangschlenderte.

Sie sieht das sachlich: »Ich war ein Spätentwickler. Mein Vater hatte mir beigebracht: Wenn man mal mit einem Mann zusammen ist, kriegt man ein Kind. Und wer mich auch verführen wollte – und es waren darunter berühmte Männer –, dem hab ich gesagt: ›Mit mir nicht. Sie wollen mir'n Kind andrehen. Nee, das nicht!‹«

Die Angst vor dem Kind als Hinderungsgrund der Karriere ist – das weiß jeder Klippschul-Analytiker – bei aufstrebenden Künstlerinnen verbreitet. Doch gab es in diesem speziellen Fall einen tieferen, bedenkenswerteren Grund – das Schicksal von Anna Hansen.

»Sag mal, Oma, war das nicht schrecklich? Neun Kinder in die Welt zu setzen?« hatte Inge einmal gefragt.

Anna Hansen hatte gelächelt: »Das waren die schönsten Ferien, die zehn Tage, die ich nach jeder Geburt im Krankenhaus bleiben durfte!«

Für die Enkelin formte sich daraus ein Weltbild: »Peer Hansen war ein unerbittlicher Hersteller von Kindern – darum vielleicht ist auch mein Engagement in bezug auf die Abtreibung entstanden.«
(Es wäre allerdings auch denkbar, daß – in einer Zeit, in der viele Kinder Segen bedeuteten – Oma Hansen an der allzu häufigen Wiederholung der für die Schwängerung notwendigen Prozedur gelitten hatte, daß sich die Eheleute nicht über die Formel »365 minus x« einig waren, die ihnen Martin Luther in die Regel gekleidet hatte: »Die Woche zwier, / Der Weiber Gebühr, / Schadet weder mir noch dir, / Machts Jahr hundertundvier.« Und dann wäre das Engagement der Enkelin aus einer in diesem Fall nicht zutreffenden Hypothese entsprungen.)

Doch schien eines Tages auch für unsere Heldin der richtige Moment gekommen. Dennoch sie war mit Karl John, der sich damals noch mit »C« schrieb, befreundet, schon seit dem Vorsprechen bei Jessner, wo er den Wetter vom Strahl vorgetragen hatte und genommen worden war.
»Der ist sozusagen auf mich geflogen, denn ich war ja wirklich, wie man damals sagte, ein Wonneproppen. Und eines Tages hat er gesagt: ›Nun bist du über achtzehn und immer noch Jungfrau. Warum willst du es mit jemand Verkehrtem versuchen? Ich bring

dir das am besten bei. Das tut zuerst ein bißchen weh. Und darum ist es gut, wenn man das mit jemand macht, der behutsam und lieb ist.‹«
Gesagt, versucht. Vorauszuschicken wäre noch, daß Carl John einen ungeheuren Ruf genoß. Der Überlieferung nach hätte er sich wie Don Juan einen Leporello für die Registerführung halten müssen. Doch war er mit materiellen Gütern weniger gesegnet. Dafür hatte er erstklassige Kontakte.
Zum Freundeskreis gehörte Karlchen Fromm, Junior der berühmten Firma, welche die Marke »Fromms Akt« herstellte. Das war Wertarbeit und ging bei regem Gebrauch ins Geld. Ab Juni 1931, als Reichskanzler Heinrich Brüning der Weltwirtschaftskrise mit rigiden Maßnahmen Herr werden wollte, trugen die Fromms-Akt-Packungen das Etikett: »Der Preis dieser Packung ist auf Grund der Notverordnung von RM. 1 auf RM. 0,90 ermäßigt worden.« Karlchen Fromm versorgte die Freunde schon vorher gratis.
Die sturmfreie Bude, die gehobenen Ansprüchen genügte, stellte ein 23jähriger Student zur Verfügung, der später Schriftsteller wurde und zumal mit seinem Roman »Das Treibhaus« bleibende Berühmtheit erlangte.
Es fehlte also an nichts. Auch Inge fand sich zur gegebenen Stunde ein. Carl John meinte noch: »Und schrei nicht, denk an die Leute in der Nebenwoh-

nung.« Was, wie wir gleich erfahren werden, der Romantik nicht unbedingt dienlich war:

»Ich zog mich aus und legte mich auf die Couch und sagte: ›Also, nu los!‹ Er legte seinen Bademantel ab und hatte auf seinem Geschlecht etwas drauf. Und da fragte ich: ›Was hast du denn da drauf?‹ Und er: ›Das hat mir Karlchen extra mitgegeben, damit nichts passiert. Stell dir deinen Vater vor, wenn du ein Kind kriegst. Das wär ja grauenvoll.‹ Da hab ich gesagt: ›Und da muß man diesen Handschuh draufziehn? Was soll denn das? Also, das Ding, nimm das mal ab! Ich lach mich ja tot.‹ Und haute so leicht dagegen ...«

Das war's. Carl stellte fest: »So, und nun geht's nicht mehr.«

»Warum geht das denn nicht mehr?«

»Jetzt müssen wir erst mal wieder 'n bißchen schmusen.«

»Das tut mir leid. So lange hab ich nicht Zeit. Ich muß zum Unterricht!«

Sie zog sich an, drehte sich in der Wohnungstür noch einmal um und meinte: »Wenn du die Wohnung wieder kriegst, und es geht wieder bei dir, dann ruf mich mal an!«

Und dann war sie draußen.

Wie sehr Carl John Inge Meysel geschätzt haben muß, daß darüber die Freundschaft nicht zerbrach, erläutert eine Anekdote aus den sechziger Jahren.

Karl John, nunmehr mit »K«, sollte in einem Fernsehspiel einen Offizier darstellen, dem im Krieg die gesamte Männlichkeit weggeschossen worden war. Doch Männer, die Frauen gegenüber den kürzeren ziehen, spielte er nicht. Er rief also bei dem Produzenten an und gab zu bedenken, daß es auch andere Körperteile gäbe, die der Offizier im Krieg verloren haben könnte. Doch der Produzent blieb hart. Um die schöne Rolle und die gute Gage zu retten, machte der Unglückliche einen letzten verzweifelten Versuch: »Bewilligen Sie mir wenigstens *ein* Ei!«

Inge Meysel, der kleine Wonneproppen, war allerdings überhaupt etwas brüsk. Auch im Umgang mit Agenten und Intendanten, als sie Anfang 1930 kurz vor dem Abschluß ihrer Ausbildung ihre Fühler nach einem ersten Engagement für die nächste Spielzeit ausstreckte.
Es war ja nicht so einfach. Die Weltbühne beklagte die Unsitten im Umgang mit dem Theaternachwuchs:
»Ein Talent..., das gibt's öfter, aber Glück muß es haben. Einmal eine Stunde lang im Büro bei Saltenburg oder im Deutschen Theater Mäuschen gewesen, und man vergißt im ganzen Leben nicht, was man da von wertvollen Begabungen und wertvollen Menschen an Kriecherei und Demut und zertretenster Bescheidenheit, an Angst um die Existenz gese-

hen hat! Die Direktoren, die ja infolge des Überangebots tatsächlich 99 von 100 abweisen müssen, lassen sich selbst meistens verleugnen und schicken zur ›Abfertigung‹ den vierten Dramaturgen heraus, der nirgends etwas zu melden hat, nun aber sich im Bewußtsein seiner Macht brüstet und von oben herab ›mit den Leuten verhandelt‹.«

Da hätte es Inge Meysel auf Anhieb besser haben können. Viktor Barnowsky, bei dem Ilka Grüning die Mutter Aase gespielt hatte, regierte nunmehr das Theater in der Stresemannstraße sowie das Komödienhaus am Schiffbauerdamm und ließ sich von der jungen Hoffnung Shaws Kleopatra vorsprechen: »Alter Herr, lauf nicht fort. Klettere rasch zu mir herauf, sonst kommen die Römer und fressen dich auf!«

Das gefiel dem distinguierten 55jährigen ungemein: »Mein Kind, das war sehr begabt, Ihre Kleopatra!«

Doch Ilka Grüning winkte ab: »Zu Barnowsky gehst du nicht. Der verschluckt alle Anfängerinnen.«

Inge widersprach halb in sich hinein: »Mich verschluckt er nicht!«

»Du hast keine Ahnung, was für einen Charme dieser Mann entwickeln kann.«

Wie dieser Charme funktionierte, gab sie nicht preis. Doch haben wir das Zeugnis von Käthe Haack, die 1915, erst 17jährig, ans Lessing-Theater engagiert worden war. Nach dem Vorsprechen war »Pappi«

– wie Barnowsky schon damals genannt wurde – auf die Bühne gekommen: »Er strich mir über meine blonden Zöpfe und sagte: ›Das Haar ist wunderschön, aber das Talent ist auch ganz nett.‹«
Ganz abgesehen von der Abneigung gegen derartige Zutraulichkeiten hatte Ilka Grüning ihr festes Prinzip: »Es gibt keine Schülerin, der ich erlaube, daß sie gleich im ersten Engagement in Berlin bleibt. Ihr habt ein Jahr in die Provinz zu gehen und euch abzuspielen und Unarten abzulegen. Sporen kriegt man nicht umsonst an die Stiefel geheftet. Da muß man erst reiten können!«
Allerdings durfte es nicht irgendeine Provinz sein. Sicherstes Merkmal für die Seriosität eines Hauses war die Anwesenheit einer Harfe. Das bedeutete, daß es sich um ein Zweieinhalb-Sparten-Theater handelte, mit Schauspiel, Operette und der einen oder anderen Spieloper.
Und es klang ja auch ganz wundervoll, wenn man dem Agenten nonchalant hinwerfen konnte: »Nein, das ist kein Theater für mich. Da gibt es ja keine Harfe!«
Nun war es aber auch mit den Agenten so eine Sache. Inge Meysel erinnert sich, daß der Agent Wahle, der sie betreute, ein »ganz berühmter Agent« war. Doch schönt die Erinnerung wohl ein wenig.
In der erwähnten Untersuchung der Weltbühne über den »Theaternachwuchs« probiert das hoffnungs-

volle Talent sein Glück erst bei dem Agenten Held, dem Impresario von Käthe Dorsch, Elisabeth Bergner und Max Pallenberg, der große und wichtige Theater mit seiner »Ware« versorgt. Wendet sich von dort zu Herrn Auerbach, dem »Agenten der guten Provinz«. Und lenkt seine Schritte, nachdem es auch hier mit schönen Reden abgespeist worden ist, »zum Agenten der kleinen Theater, vielleicht zu Herrn Wahle«: »Wahle kümmert sich vor allem um seinen ›Typ‹. Der ist schlank, blond und süß. Kommt eine Frau zu ihm, die eher häßlich als hübsch und weder süß noch blond ist, so sagt er: ›Sie sind viel zu *mieß*, da können Sie noch so begabt sein, für Sie kann ich nichts tun, ich verliere mit Ihnen nur meine Zeit.‹«

Bei Inge Meysel meinte er aus anderen Gründen seine Zeit zu verlieren. Stolz präsentierte er ihr eine Vakanz in Schneidemühl in Mecklenburg-Pommern. Doch ganz abgesehen davon, daß Schneidemühl über keine Harfe verfügte, meinte seine Klientin: »Das ist mir zu weit weg von der Hauptstadt. Und da ich eine Hauptstadt-Schauspielerin bin, kann ich nicht dorthin gehen!«

»Sie sind wohl verrückt, mein liebes Kind!« fand Herr Wahle und meldete sich vier Wochen überhaupt nicht mehr.

Der nächste Termin war verheißungsvoller. Herbert Maisch, Intendant in Erfurt, war für die nächste Spielzeit an das Nationaltheater Mannheim geholt worden. Und wohl nur, weil es sich um einen Neuanfang handelte, hatte er sich auch bei Wahle eingefunden.

»Ein wunderschöner Mann, schwarzhaarig, elegant, sehr souverän. Wie mein Vater hatte er einen Arm im Weltkrieg gelassen, trug aber eine Prothese, an der man die Finger bewegen konnte – ungeheuer. Ich kam rein, und er sagte: ›Sie kommen wirklich von den größten Schauspielerinnen, die es für mich in Deutschland gibt? Bitte große Verehrung bestellen an beide Damen. Und nun zeigen Sie mal, was Sie können!‹«

Inge Meysel begann mit Shaws Kleopatra. Es folgte der Monolog der Viola »Ich ließ ihr keinen Ring: was meint dies Fräulein?« aus Shakespeares *Was ihr wollt* – eine mehr als doppelbödige Szene. Denn die als Mann verkleidete Viola steht in Diensten des Herzogs Orsino, den sie heimlich liebt, und hat eben bei der Gräfin Olivia vergeblich für ihn gefreit, wobei sich die Spröde in den hübschen Boten verliebte. Nun also der Monolog, in dem sich Viola über die Verwirrung der Gefühle im Dreieck klarzuwerden versucht.

»Das ist nicht gut«, unterbrach Maisch. »Wollen wir die Rolle mal ein bißchen arbeiten?«

Das war ihr noch nicht untergekommen.

»Er arbeitete die Rolle mit mir so eine halbe Stunde. Dann unterbrach ich ihn: ›Darf ich mal was sagen

Herr Intendant?‹ Und Wahle verbesserte: ›Generalintendant!‹ Worauf ich sagte – aber, wie es meine Art war, schon ein bißchen berlinerisch hochnehmend: ›Herr Generalintendant haben doch vorhin gesagt, ich komme von den beiden besten Lehrerinnen, die es in Deutschland gibt. Und beide haben diesen Monolog mit mir gearbeitet. Und da Frau Höflich ja die berühmteste Viola war, die es bei Reinhardt je gab, sehe ich eigentlich nicht ein, warum ich das in Ihrer Version spielen soll!‹«

Recht hatte sie ja. Aber immerhin lag es schon fast zwei Jahrzehnte zurück, daß Lucie Höflich nach 138 Vorstellungen die Viola abgegeben hatte.

Herbert Maisch blieb formvollendet: »Sehr einfach, mein Kind, ich möchte das, weil Sie an mein Theater kommen und nicht an das Theater von Frau Höflich und Frau Grüning. Wollen wir nicht weiterarbeiten?«

»Ich wollte ja nur sagen: Also ich bin in meinem Vorsprechen die Berliner Fassung. Und Sie sind doch dann im Grunde nur eine Provinzfassung.«

Der künftige Mannheimer Intendant bekam einen Lachkrampf, war nicht einmal beleidigt: »Mein lieber Wahle, das ist ein hochbegabtes Mädchen. Aber die Vorstellung, daß sie mit mir auf einer Probe so zu diskutieren anfängt und ich nicht zu meiner Premiere komme, das kann ich mir nicht leisten! Bitte die Nächste!«

Die Zeiten des Kollektivs waren eben noch nicht ausgebrochen. Trotzdem versäumte Inge Meysel einiges. Als Kollegen hätte sie in dieser Mannheimer Spielzeit Ida Ehre und Willy Birgel gehabt. Und außerdem gab es nicht nur eine Harfe, sondern ein veritables Opern-Ensemble. Zu dem gehörten Margarete Klose und Gertrud Bindernagel, die 38jährig am 3. November 1932 vor der Berliner Städtischen Oper nach einer Vorstellung des *Siegfried*, in der sie die Brünnhilde gesungen hatte, auf der Straße von ihrem eifersüchtigen Ehemann, dem Bankier Wilhelm Hintze, erschossen wurde. Eine Fülle von Stoff also, aus dem Memoiren gemacht werden...

Doch gottlob gab es noch Herrn Schultz, den Agenten der städtischen Vermittlung. Und dort saß eines Tages Wolfgang Poppe, Intendant des Stadttheaters in Zwickau sowie der Kurtheater von Kolberg und Reichenbach im Vogtland mit gelegentlichen Abstechern in das Vereinstheater von Crimmitschau. Außerdem verfügte Zwickau über die Rarität eines männlichen Harfenspielers, der witzigerweise ebenfalls Max Reinhardt hieß.

Doch genug nun der verlockenden Vorbedeutungen.

Inge Meysel sprach die Franziska aus *Minna von Barnhelm* vor. Als sie geendet hatte, wandte sich Poppe an den Agenten: »Lieber Schultz, mit diesem Mädchen bin ich gewillt, die *Minna* herauszubringen. Das ist eine Franziska, wie ich sie lange nicht gehört habe.«

Die Kandidatin war eitel Glück: »Was? Meinetwegen wollen Sie *Minna von Barnhelm* aufführen? Ich spiele die Franziska?«

»Sie spielen die Franziska! Das kann ich Ihnen heute schon versichern. Das werde ich inszenieren. Und außerdem spielen Sie mindestens acht bis zehn weitere Rollen bei mir. Wir müssen nur noch auf meinen Oberspielleiter warten, der ist im Augenblick noch bei Wahle. Aber keine Bange. Von mir sind Sie schon engagiert.«

Inge, bereits ganz »zwickaujanisch« geworden, wartete eine Stunde im Vorzimmer, bis sich der Oberspielleiter Hermann Schultze-Griesheim einfand, »ein junger, hoch aufgeschossener Mensch von ungeheurem Elan«.

Das Ganze also noch einmal von vorne. Nach der Franziska fragte er: »Haben Sie noch etwas Sentimentales?«

»Ich habe die Marion in *Dantons Tod* studiert und die Lucile, diese kleine Rolle.«

»Für die Marion sind Sie, glaube ich, nicht die geeignete Kurtisane und Geliebte. Sprechen Sie mal die Lucile vor!«

»Sind doch nur'n paar Sätze.«

»Aber sie hat doch den Schluß. Nun sprechen Sie schon!«

Inge ging in sich, setzte sich unter die imaginäre Guillotine, auf der eben ihr Camille den Kopf gelassen hatte:
»Du liebe Wiege, die du meinen Camille in Schlaf gelullt, ihn unter deinen Rosen erstickt hast. Du Totenglocke, die du ihn mit deiner süßen Zunge zu Grabe sangst…«
Als sie mit »Es lebe der König!« geendet hatte, sprach Schultze-Griesheim zu Poppe: »Sie bringen die Franziska mit ihr raus? Wenn wir Brabender als Danton haben und den Ziegler als Saint-Just, dann mach ich mit diesem Kind sogar die Lucile!«
Nun war kein Halten mehr. Der Vertrag wurde ausgeschrieben. Die Gage betrug stolze 120 Mark im Monat, wobei sie sich natürlich nicht im klaren war, daß davon noch Steuern abgingen. Und schließlich kam der Hammer, als Herr Schultz die Mitteilung machte: »Sie kann gar nicht unterschreiben. Sie ist noch nicht mal zwanzig. Das müssen die Eltern tun.«
Sie wiegelte ab: »Meine Eltern erledigen das, ist ja ganz klar. Wir sind alle sehr selbständig zu Hause.«
Am Abend sagte Julius Meysel: »Meine Tochter geht nicht nach Zwickau! Ich muß erst mal überlegen, wo Zwickau liegt. Chemnitz könnte ich ja noch verstehen. Leipzig – eine Weltstadt. Von Dresden ganz zu schweigen. Aber Zwickau!«
Nun hätte er sich nicht so anzustellen brauchen. Zwickau zählte immerhin hunderttausend Einwoh-

ner. Und das Stadttheater hatte tausend Plätze. Aber Zwickau hatte den Nachteil, daß es im Bühnenjahrbuch an allerletzter Stelle stand und deshalb schon rein drucktechnisch mit dem Arsch der Welt gleichgesetzt wurde.

Am nächsten Tag unterschrieb Grete Meysel trotzdem für ihre Tochter.

Und dann kam ein Anruf von Carl John, der ebenfalls gerade bei Schultz Vertrag gemacht hatte: »Ich habe nach Bunzlau abgeschlossen. Und ich habe dem Intendanten gesagt, daß ich eine Schülerin von der Grüning mitbringe, Inge Meysel. Und weißt du, was wir als erstes spielen? Die *Dreigroschenoper*.«

»Bunzlau, das klingt ja grauenvoll. Wo ist denn das? Das ist doch irgendwo in Schlesien. Und da wird ein entsetzliches Geschirr gemacht. Ein ganz dickes Geschirr, in dem Gurken eingelegt werden.«

»Inge, glaub mir, in Bunzlau gibt es Buster Keaton. Der Intendant dort, der hat genau die Augen von Buster Keaton.«

Daran lag es. Buster Keaton war der Traum und der Liebling von Carl John. Jeden seiner Filme hatte er sich zehnmal angesehen. Und obwohl er im Fach des jugendlichen Helden, das auch damals nicht allzu breit gesät war, bessere Chancen hätte abwarten können, war er dem Bunzlauer Intendanten Dr. Karl Pempelfort nur wegen dessen Buster-Keaton-Blick verfallen.

Leider mußte ihn Inge Meysel enttäuschen: »Ich habe bereits nach Zwickau abgeschlossen.«
Und das wäre nun wirklich beinahe das Ende der Freundschaft gewesen.

Im Mai 1930 gaben Ilka Grünings Schüler im kleinen Grotrian-Steinweg-Saal in der Bellevuestraße ihren Abschiedsabend. Über unsere Heldin stand in der Vossischen Zeitung:
»Als sichere Nummer sehe ich Inge Meysel an, pikanter Fratz und Gummi-, wenn nicht Zuckerpuppe, die auch sprechen kann. Sie wird gefallen, wenn sie sich selbst nicht zu sehr gefallen sollte.«
Und die B. Z. am Mittag berichtete:
»Vieles noch im Gären und Werden, manches noch unfertig schwankend und suchend, einiges schon zur persönlichen Form gegossen. So Inge Meysel, die auf das Fach der resoluten, kessen, stürmisch plappernden Weibchen zusteuert, Genre Lucie Englisch. Sie hat schon die Sicherheit, aber noch nicht den Schliff, das Temperament, aber noch nicht seine Beherrschung. Eine starke Begabung, knapp vorm Ziel.«
Die erste Zielgerade führte nach Zwickau.

»Besser Anfängerin in Zwickau als Aufhörer in Zwickau!«

Vor der Reise ins erste Engagement war noch ein letzter Kampf mit den Eltern auszufechten, den Inge ebenfalls bestand. Sie fuhr ohne »Gouvernante«. Zu Kaisers Zeiten wäre das nicht schicklich gewesen. Damals wurden die Stadttheater in der Provinz von privaten Pächtern geführt, die auf ihren Profit bedacht sein mußten. Ihre Garderobe hatten die Damen selbst zu stellen, möglichst jede Woche neu. Und von der Gage war das nicht zu finanzieren. Annoncen wie »Junge Salondame für das Theater in X. gesucht (Garnison vorhanden)« umschrieben dezent die Erwartungshaltung.

Mit dem Beginn der Republik räumten die deutschen Städte mit diesen Mißständen auf, kündigten die Pachtverträge und nahmen ihre Theater in eigene Regie. Das diente zwar der Moral. Doch an die Stelle der alten Theatermacher und Theaterkönner rückten erst einmal abgebaute Offiziere, stellungslose Philologen oder Theaterangestellte, die sich beim Magistrat lieb Kind machen konnten.

Das eigentliche Sagen aber hatten – wir leiden an den fatalen Folgen bis heute – die Theaterkommissionen. Voran die »Fachleute« aus den Fraktionen der Stadtparlamente, die für das Theater schwärmten oder »aufpassen« sollten oder gerade keine andere Verwendung in der kommunalen Arbeit finden konnten. Ferner die Besucherorganisationen, die jedem der von ihnen benutzten Häuser ihre Wünsche mit dem nötigen Nachdruck aufzwangen. Und zur Garnierung vielleicht noch ein paar Akademiker, die Theater von ihrer Literatur mit Goldschnitt nicht zu unterscheiden wußten.

Die Situation hatte sich also, abgesehen von den Garnisonen, die nach dem Versailler Vertrag drastisch reduziert waren, eher verschlechtert. Das Stadtparlament beanstandete den Etat. Der Oberbürgermeister ermahnte den Intendanten zur Sparsamkeit. Die Kommissionen quatschten in den Spielplan hinein. Der Intendant kürzte den Darstellern die Gagen und ermahnte die Spielleiter, nur ja für Unterhaltung zu sorgen. Die Zeitungen murrten. Der Oberbürgermeister rief den Verleger an. Und der Verleger »kaufte sich« den Redakteur.

So stellte sich die Situation jedenfalls für die Weltbühne dar, die 1929 noch vor dem Beginn der Weltwirtschaftskrise stänkerte:

»Wir haben in Deutschland einige hundert Theater. Davon sind einige hundert überflüssig. Ja, schädlich, weil sie Subventionen verschlingen, die besser für den Wohnungsbau, für den Ausbau der Volksbibliotheken, für Notstandsarbeiten, für Erwerbslosenunterstützung und tausend andere wichtige Dinge verwendet werden könnten ... Ist das ein Zustand: eine Stadt als Kulturnische mit einem Theaterchen als Zierpalme, als traditioneller Bewahranstalt für die heiligsten Güter der Nation?«

Doch glich keine dieser Bewahranstalten – und das unterschied sie von anderen Maßnahmen zur Erwerbslosenunterstützung – der anderen.

Zum Beispiel Bunzlau. Inge Meysel hatte richtig getippt, daß es sich nicht um die böhmische Kleinstadt handelte, in der man seinerzeit den heiligen Wenzel ermordet hatte, sondern um die Töpferstadt in Schlesien zwischen Görlitz und Liegnitz, die es durch den Flamm-Schulze in Gerhart Hauptmanns *Rose Bernd* zu literarischem Ruhm gebracht hatte: »Aus Bunzlauer Teppen trinkt sich's am besten!«

Bunzlau war mit neunzehntausend Einwohnern nicht groß, doch immerhin Sitz des Schlesischen Landestheaters, dessen Aufgabe es war, den schlesischen Städten ohne feste Bühne »künstlerisch hochwertige Schauspielvorstellungen zu vermitteln« – keine Bühne mit gelegentlichen Abstechern also, sondern ein Rundreise-Unternehmen.

Trotzdem muß es ein wonniges Arbeiten gewesen sein. Als Kronzeuge dient uns Oskar Willner, der 1930 in Bunzlau ebenfalls sein erstes Engagement antrat, sich nach 1945 am Wiener Volkstheater einen Namen machte und 1977 den hübschen Anekdotenband »Ich hab noch nie gefallen« veröffentlichte. Und der beginnt mit dem Satz: »›So schön wie in Bunzlau wird es nie wieder!‹ ruft mir Karl John jedes Mal zu, wenn wir einander begegnen.«

Es gab also auch in dem kommunalpolitischen Verhau immer noch Nischen und Chancen für die Talente, sich in der Stille zu bilden – auch ohne Harfe.

Apropos Harfe! Durch Inge Meysels Zeugnis wissen wir ja, daß Brigitte Horney bereits als Mitschülerin die Begabteste gewesen war. Und die absolvierte ihr obligates Provinzjahr am Würzburger Stadttheater, das damals wie Bunzlau ein Ein-Sparten-Theater war und nicht einmal mit dem Schatten eines Schattens einer Harfe dienen konnte. Dafür fungierte als Oberspielleiter Ludwig Schmid-Wildy, der auf seine alten Tage ein glänzender bayerischer Volksschauspieler wurde.

Es ist also nicht anzunehmen, daß »Biggi« Horney besonders viel profitierte. Aber das war auch nicht notwendig. Denn vor ihrem Abstecher in die Provinz hatte sie in Robert Siodmaks Tonfilm *Abschied* Maßstäbe gesetzt und war nach der Berliner Premiere am 25. August 1930 wohl mit Kurier nach Unterfranken gebracht worden – die Spielzeit begann am 1. September.

Zwickau wiederum hatte, als Inge Meysel dort eintraf, seine Zukunft bereits hinter sich. Gemeint ist damit nicht, daß in der Steinkohle- und Industriestadt Robert Schumann (1810–1856) zur Welt gekommen war. Nein, in den zwanziger Jahren unseres Jahrhunderts hatte die Zwickauer Arbeiterpresse »mit unerbittlicher Kritik« dafür gesorgt, daß die »graue Stadt langsam rote Backen« bekam. In jener Zeit hielten ja nicht nur Umsturzverdächtige den Arbeiter für den Kulturträger der Zukunft.
Die Linke sorgte dafür, daß der Intendant nicht mehr nur seine eigenen Stücke zur Uraufführung brachte, und setzte die Wahl von Hildebrandt Gurlitt zum Direktor des Museums durch, um dieses im verborgenen modernde Institut endlich zu einem modernen zu machen.
Als Gurlitt in Zwickau eintraf, konnte er auf der Straße niemand finden, der von einem Museum in Zwickau wußte. Offenbar war er dem besagten Arbeiter mit den roten Backen nicht über den Weg gelaufen. Nun aber wurde alles anders. Gurlitt ließ einen genagelten Hindenburg und ähnliche Scherze auf den Speicher schaffen und verteilte die sogenannte Gemäldesammlung auf die Amtsstuben. Nun war im Museum Platz, um es vom Bauhaus

ausmalen zu lassen. Und zu den verbliebenen Gemälden der beiden Cranachs sowie einem damals noch zugeschriebenen Rembrandt kamen Graphiken von Barlach, Nolde und der Gruppe »Blauer Reiter«.

Auch Plakate und Drucksachen bekamen ein »streng modernes« Aussehen. Diese graphische Dressur aber wurde alsbald zum Verhängnis. Denn der Rat der Stadt ermangelte nicht, sich ebenfalls neue Briefbogen im Bauhaus-Stil anzuschaffen. Doch kaum waren die teuren Drucksachen da, wurden sie und ein Defizit im Haushaltsplan dazu benutzt, dem Museumsdirektor in streng moderner Form wegen seiner Erwerbungen den blauen Brief zu schicken. Gurlitt ging als Leiter des Kunstvereins nach Hamburg. Der ebenfalls vorsorglich gekündigte Theater-Intendant Wolfgang Poppe kam mit einem blauen Auge davon.

Als Inge Meysel eintraf, war also alles wieder beim alten. Eine spezielle Verwaltungsbehörde sorgte durch Drosselung des Etats dafür, daß das Theatervölkchen nicht allzu rotbäckig wurde. Und neben den Besucherorganisationen Volksbühne und Bühnenvolksbund fungierte der mitgliederstarke Beamtenbund als zusätzliches Druckmittel.

Im übrigen hatte sich auch in Fragen der Garderobe nichts geändert. Der Passus »Alle Kostüme werden geliefert« war selbst in der Hauptstadt nicht die

Regel. Meist galt: »Historische Kostüme werden gestellt.« Nur durfte die Kleidung für die Zeit-Stücke nicht mehr vor Ort »angeschafft« werden, sondern wurde sozusagen als Aussteuer vorab im Vertrag verankert: zwei Kostüme, zwei Tageskleider, ein Abendkleid, zwei Paar Schuhe und ein Paar Abendschuhe.

Für die »versnobte Göre aus ganz erstklassiger Familie«, wie Inge Meysel sich selbst einstuft, war die Wohnungssuche das größere Problem. Denn Wohnen war neben einem schicken Hut und eleganten Schuhen der einzige Luxus, den man sich gönnen mußte. Das Theater stellte zwar eine Liste mit den Adressen von Vermietern zur Verfügung. Doch diese Zimmerchen zwischen 35 und 50 Mark Monatsmiete waren nicht nach ihrem Geschmack. Sie fand in der gehobenen Lothar-Streit-Straße ein Zimmer im ersten Stock für 60 Mark, was dem Preis für eine Zwei-Zimmer-Wohnung entsprach.

Die Toilette war zwar auf dem Zwischenstock, das Zimmer selbst jedoch prächtig. Die Wände zierten blaue Streifen mit goldenen Sternen darauf. Und vor dem einen der beiden großen Fenster stand ein Apfelbaum, dessen Zweige fast bis ans Bett ragten, wenn man ihn reinließ.

Inge orderte von zu Hause Bettwäsche, Tischdecken, Geschirr und vor allem Stoff-Servietten: »Ich hätte nie eine Papier-Serviette auf den Tisch gelegt, wie

ich es heute in meinem guten, teuren, großen, schönen Haus tue. Ich war Stoff-Servietten gewohnt.«
Das war aber auch die einzige Gunst des Verwöhnens, die sie den Ihren zubilligte. Jule-Pa schickte zwar jeden Monat 100 Mark. Doch erstens hatte er sich, was das Engagement nach Zwickau betraf, als uneinsichtiges Ekel erwiesen. Und zweitens stimmten die Relationen nicht. Inges Bruder Harry war, nachdem er die Sexta dreimal absolviert hatte, ausgeschult worden und besuchte eine »Presse«, eine Art Privatschule für notorische Fälle, wo sich eine Handvoll Lehrer um eine noch geringere Anzahl unverbesserlicher Faulenzer bemühten. Und das kostete 800 Mark. Inge retournierte den Schein also regelmäßig mit der Gebärde der Verachtung.
Die Rechnung war einfach. Von den 120 Mark Gage verblieben nach Abzug der Steuer 96,50. Davon gingen 60 Mark Miete ab. Blieben also 36 Mark zum Verprassen. Im Palastkeller, wo sich die Theaterleute trafen, kostete der Mittagstisch 2 Mark. Das kam also nicht in Frage. Inge ging zum Essen in die Fischbratküche, wo es für 35 Pfennige ein anständiges Stück gekochten oder gebratenen Fisch mit Kartoffelsalat oder Bratkartoffeln gab, und ordnete sich in die Reihe der Kumpels und Textilarbeiter ein, die ebenfalls knapp bei Geld waren. Danach erst traf sie ihre Kollegen im Palastkeller und leistete sich eine Tasse Kaffee zu 50 Pfennig, um dabei zu sein. Was

nicht unbedingt immer auf Gegenliebe stieß, weil ihr noch der Fischgeruch anhaftete und zarter besaiteten Gemütern auf die Nasenschleimhäute fiel.

Empfindlichkeiten gab es auch so schon genug. Die quirlige Kleine wurde auch in der zweiten der zweieinhalb Sparten rangenommen: »Ich war in jeder Operette, weil ich figürlich so hübsch war, gute Beine hatte und ein kleines schwarzes Kleidchen besaß, das vom Theater jeweils einen anderen Kragen kriegte, einen Spitzenkragen oder einen Chiffonkragen.«
So angetan hatte sie mit einem silbernen Tablett quer über die Bühne zu gehen und dem Tenor zur großen Arie ein Sektglas zu servieren. Der Tenor hieß Willy Scherdeck, war in Inges Augen ein Schönling und ließ, auch wenn die Konflikte der Handlung sich schürzten, nach Richard Taubers Vorbild nie sein Einglas fallen. Zwischen dem Einglas und dem Sektglas mußte es zu Konflikten kommen. Nach der ersten leidvollen Erfahrung bei laufender Vorstellung meckerte Scherdeck bereits auf den Proben: »Bitte reichen Sie das Glas etwas eleganter – bitte reichen Sie es mir nebenbei, Sie sind nicht die Hauptrolle – bitte machen Sie das diskreter – bitte kommen Sie nicht so bewußt auf die Bühne, sondern schleichen Sie sich ein ...«
Es war sicher kein Vergnügen, neben Inge Meysel Tenor in Zwickau sein zu müssen.

Die Bestrafung folgte regelmäßig im letzten Akt, den die Librettisten der Silbernen Operette aus Gründen der Abwechslung im Foyer des Hotels, in der Bar des Hotels oder auf der Veranda des Hotels angesiedelt hatten. Das hatte außerdem den Vorteil, daß sich der Dritte-Akt-Komiker, der den lahmenden Schluß herauszureißen hatte, in ein Doppelwesen spalten ließ – in den Oberkellner und den Pikkolo.

Der Oberkellner im Zwickau von 1930/31 war Josef Ziegler, dessen verschmitzt-hinterhältige Art sofort präsent wird, wenn wir schon hier verraten, daß der Erzkomödiant sich, als er in der nächsten Spielzeit nach Mannheim verpflichtet wurde, wo es bereits zwei Zieglers gab, in Joseph Offenbach umbenannte.

Der Pikkolo wurde Inge Meysel anvertraut, weil sie so klein und schmal war. Bis auf den Busen. Der wurde mit einem Handtuch weggebunden und in eine schwarze Weste gepreßt. Das war schon übel genug. Noch gemeiner war der Knoten in Zieglers Serviette, mit der er elegant aus dem rechten Handgelenk nach hinten schlug.

Am Anfang wich sein Pikkolo aus. Und weil kein Lacher kam, wurde Ziegler böse: »Du hast den Kopf hinzuhalten!«

Sie hielt den Kopf das nächste Mal also hin und sagte: »Aua!«

Das gab zwar einen Lacher, aber er gehörte Ziegler nicht allein. Deshalb haute er nach. Abermals ein

Lacher. Und der Gipfel der Fröhlichkeit war erreicht, wenn dem echauffierten Pikkolo die Knöpfe von der Weste sprangen.

Man unterschätze diese Effekte nicht, die große Präzision und ein exaktes *timing* erfordern, das sich nicht im Unterricht, sondern nur im lebendigen Kontakt mit dem Publikum entwickeln läßt. Daß diese von Generationen experimentell erforschte Technik heute verloren ist, dürfte einer der Gründe sein, warum das Genre immer mehr anödet.

Das also war Inge Meysels Beitrag zur Operette. Doch auch im Schauspiel verlief nicht alles ganz reibungslos. Da gab es die Komödie *Die Sache, die sich Liebe nennt* von Edwin Burke: »Ein ungeheuer einfallsloses, sehr niedliches kleines Lustspielchen, mit einer sehr süßen Rolle für mich drin – das hatte ich bei Ilka aus der Lamäng gemacht.«

Nun aber erwies sich Eugen Brabender, der erste Held und Bonvivant des Hauses, als Probenbremse.

»Er fand es künstlerisch unerhört bedeutend, wenn er vor seinem Satz eine Pause machte, um ihn dann erst loszuwerden. Er hatte Ähnlichkeit mit vielen jungen Schauspielern heutzutage, die auch meinen, daß sie besser wirken, wenn sie eine Pause machen, bevor sie loslegen. Aber das Publikum ist gar nicht gespannt, sondern denkt bloß: Wann geht's nu weiter?«

Im eigenen und in Brabenders Interesse beschloß

Inge Meysel den Fehler auszumerzen. Als er bei der dritten Probe wieder nicht einsetzte, unterbrach sie die Pause:

»Herr Brabender, nehmen Sie mir nicht übel, was ich jetzt sage. Denn ich habe das gelernt, und ich glaube, daß es sehr wichtig ist. Tempo heißt wirklich nicht schnell sprechen, sondern schnell einsetzen. Könnten Sie nicht, wenn ich meinen Satz gesagt habe, mal 'n bißchen schneller einsetzen? Dann kann ich nämlich auch besser reagieren.«

Brabender wandte sich an Paul Krohmann, den zweiten Oberspielleiter: »Paul, bring dieses Kind da mal zur Räson!« Und zu ihr: »Sie sind eine vorlaute Person und sollten lieber von erfahrenen Schauspielern lernen!«

Worauf sie den klassischen Ausspruch tat: »Herr Brabender, ich möchte Ihnen mal was sagen. Es ist schlimm genug, daß ich in Zwickau bin. Aber besser Anfängerin in Zwickau als Aufhörer in Zwikkau.«

Ab da war sie eines der beliebtesten Mitglieder des Ensembles – mit und ohne Anführungszeichen.

Allerdings verfügte sie über prophetische Gaben. Eugen Brabender war zwar wie sie das erste Jahr in Zwickau. Aber er mußte furchtbar lange bleiben.

Zu denen, die Brabender die Abfuhr gönnten, gehörte Josef Ziegler. Er fühlte sich überdies auch für

das Wohlbefinden seines Pikkolos verantwortlich und schrieb an Julius Meysel einen Brief:
»Würden Sie mir einen Gefallen tun und Ihre Tochter zwingen, Ihren monatlichen Hundertmarkschein anzunehmen? Sie ißt jeden Tag in der Fischbratküche und stinkt dermaßen nach Fisch, daß im Grunde kein Mensch mit ihr zu tun haben will. Der Ölgeruch hat sich nämlich in ihren Kleidern festgesetzt.«
Das war nun ein echtes Alarmzeichen für die Eltern, die immer noch gehofft hatten, daß das rebellische Kind unter dem Druck der Umstände nachgeben würde.
Es traf sich, daß am 18. Februar 1931 *Minna von Barnhelm* Premiere hatte, das Stück, dessentwegen der Schandvertrag überhaupt zustande gekommen war. Grete und Julius Meysel entschlossen sich also nach einem halben Jahr, sich ihre Tochter einmal anzusehen, buchten das beste Hotel am Platze und sagten sich für drei Uhr nachmittags zum Kaffee an.
Inge erwartete sie schon um halb drei, getreu der Devise ihrer Mutter: »Pünktlichkeit ist die Höflichkeit der Könige!« Sie hatte den Kaffeetisch mit der wundervollen Tischdecke aus Berlin gedeckt, mit dem guten Geschirr und den Stoffservietten. Sie hatte erstklassigen Kuchen aus dem Palastkeller besorgt und außerdem, um dem Vater zusätzlich zu imponieren, für halb vier auch noch den Oberspielleiter Hermann Schultze-Griesheim dazugebeten.

Wer sich pünktlich einfand, war Schultze-Griesheim. Von den Eltern noch immer keine Spur. Was war geschehen?

Julius Meysel, der ja in der Konfektionsbranche aufgewachsen war, war ein sehr penibler Mann. Er hatte nachgerade einen Tick. Die Hemden, die er sich bei Berlins erster Adresse an der Potsdamer Brücke maßschneidern ließ, hatten selbstverständlich mehrere Kragen und Manschetten zum Einknöpfen. Die Manschette am linken Ärmel konnte er, wenn er das Hemd auf dem Bett auslegte, selbst wechseln, der Kragen aber rutschte ihm weg. Das mußte Grete machen. So kam er an manchen Tagen zweimal nach Hause, weil die Manschette einen Rand hatte und die Stäbchen am Kragen nicht mehr richtig saßen.

Als sich die beiden nun in Zwickau aus dem Hotel auf den Weg machten, musterte sich Julius bald im verspiegelten Schaukasten eines Geschäfts und entdeckte – einen Rußfleck. Was nicht verwunderlich war, denn der Kohlenstaub lag in der Luft. Zurück also ins Hotel, Kragenwechsel, neuer Anlauf. Diesmal brauchte er nach wenigen hundert Metern keinen Spiegel, der Rußfleck war auf der Manschette. Die Prozedur noch einmal von vorne.

Um dreiviertel vier trafen sie endlich ein. Und nach der Begrüßung und der kurzen Beschreibung der erlittenen Unbill meinte Julius zu seiner bereits völlig entnervten Grete: »Sag mir jetzt bitte nicht, daß auf dem Kragen schon wieder ein Fleck ist. Aber in dieser Stadt kann man ja keine saubere Wäsche tragen!«

Es wurde trotzdem bei Inges selbstgemachtem Kaffee ein schönes Gespräch. Es ging nicht nur um die Vorstellung am Abend, bei der ja der Intendant Wolfgang Poppe Regie geführt hatte. Schultze-Griesheim sprach mit sehr viel Wärme über den Spielplan generell, über die Mischung aus Klassik und Moderne, und wie das Theater bei neuen Stükken bisweilen viel schneller zugreife als Leipzig oder Dresden. Und Inge ihrerseits schwärmte, wie wundervoll Schultze-Griesheim selbst doch Regie führe, daß sie unter seiner Anleitung nun die Lucile in *Dantons Tod* spielen würde, und daß alles überhaupt wundervoll sei.

Diese harmonische und ungemein gebildete Unterhaltung unterbrach Julius Meysel nun mit dem Satz: »Übrigens, Inge, eines hab ich vergessen dir zu sagen, als du ins Engagement gingst. Der erste Liebhaber eines Mädchens ist immer nur ein Büchsenöffner und bleibt nichts fürs Leben!«

Es entstand eine lange Pause. Dann verabschiedete sich Schultze-Griesheim. Inge kriegte einen Weinkrampf. Ihre Mutter kriegte einen Weinkrampf.

Julius blieb ungerührt: »Die will mir diesen Schmock doch nicht vielleicht eines Tages nach Hause bringen! Das kannst du mir nicht antun. Mir genügt schon Zwickau!«

Nach der Vorstellung warteten die Eltern vor dem Bühnenausgang. Inge kam mit Josef Ziegler heraus, der den Wirt gespielt hatte.

Julius Meysel ging auf Ziegler zu: »Sie sind einer der besten Wirte, die ich gesehen habe. Und ich habe wirklich die berühmtesten Aufführungen von *Minna von Barnhelm* gesehen. Sie sollten bald von hier wegkommen!«

Dann wandte er sich zu Inge und sagte in sozusagen netter Form: »So kann man die Franziska auch spielen!«

Womit wir annehmen können, daß er nach diesem Eindruck anschließend nicht – wie einst der junge Tucholsky nach der Franziska der Lucie Höflich – die ganze Nacht heulte wie ein Kind, das seine Milch nicht bekommen hat.

Am nächsten Morgen reiste er mit seiner Grete aus Zwickau ab. Und Inge schickte ihm den nächsten Hundertmarkschein nicht nur wie üblich mit besonderer Freude und Ablehnung per Einschreiben zurück, sie fügte auch ein paar Zeilen bei:

»Von einem Menschen, der sich so benimmt, kann ich nun erst recht kein Geld mehr annehmen, obgleich ich durch deine Anwesenheit – siehe Kuchen etcetera – sehr viele Schulden machen mußte. Deine Tochter!«

Julius Meysel hätte sich im übrigen keine Sorgen zu machen brauchen. Denn Hermann Schultze-Griesheim war verheiratet und hatte zwei Kinder. Noch vor Schluß der Spielzeit ging das »Verhältnis« zu Ende. Und als am 15. Juni 1931 die Sommersaison im Stadt- und Kurtheater Kolberg begann, war Wolfgang Poppe an Schultze-Griesheims Stelle getreten. Die Konstellation, bei der es im Berliner Büro des Agenten Schultz zu knistern begonnen hatte, wiederholte sich nun also in umgekehrter Reihenfolge.

Es wäre allerdings wohlfeil, der gerade 21jährigen ein gewisses Kalkül zu unterstellen, wiewohl sie einer zweiten Spielzeit in Zwickau entgegenzusehen glaubte. Denn sie war umworben.

Quadratur des Kreises, ein Stück, in dem sie einen besonderen persönlichen Erfolg einheimsen konnte, verführte selbst Walter Victor, den 35jährigen Redakteur des sozialdemokratischen Sächsischen Volksblattes, zu unbeabsichtigter Frivolität:

»... Aber da ist ein quicker Berliner Wonneproppen, Inge Meysel, und ich sage mit erigiertem Zeigefinger: Den Namen wird man sich merken müssen. Noch ein bißchen ungezügelt, das Kleine. Aber oho! Ein frisches Spieltemperament, ein Sprühteufelchen, eine richtige Spielerin. Aus der kann was werden, und gestern war sie reizend ... Und wenn man solcherlei im Theater vorfindet, ist man schon zufrieden. Man läßt den Fuchs schlau, den Marder gefähr-

lich sein, spielt statt des Brummbären Ljudmillas Katerchen und macht: miau.«
(Eine Aussage, die doppeltes Gewicht erhält, weil Victor nach der Rückkehr aus russischer und amerikanischer Emigration als »Brückenbauer der Bildung« seinen erigierten Zeigefinger nur noch zur Aufklärung der Werktätigen in der DDR einsetzte und bedeutende Werke wie »Marx und Heine. Tatsachen und Spekulationen...« oder »Der beste Freund. Engels-Biographie für die Jugend« verfaßte.)
Und bei der eigenen Bewältigung der Quadratur des Kreises, um die es sich ja wohl im Konflikt zwischen Zuneigung und karrierebedingter Abhängigkeit handelte, ließ »das Kleine« die Kandidaten überdies besonders lange miau machen:
»Ich bin eine unendlich schwierige Person gewesen. Holterdiepolter gleich ins Bett, wie man es von mir als Typ so gedacht hat, das gab's bei mir überhaupt nicht. Das dauerte mindestens vier bis fünf Wochen.«
Es waren also schöne und geruhsame Wochen in Kolberg, zumal für Mitglieder des Stadt- und Kurtheaters und deren Angehörige auch noch die Kurtaxe erlassen war. Grete konnte endlich wieder mit ihrer Tochter zusammen sein. Und auch Lucie Höflich kam, sah sich ein paar Stücke an und war sehr viel gnädiger als der überkritische Julius.

Doch war die Ruhe trügerisch. Bereits im Juni 1931 sah die Bilanz für die deutschen Theater verheerend aus. Allein in Berlin waren mehr als viertausend engagementlose Bühnenkünstler gemeldet. Zwei- bis dreihundert befanden sich in »langfristigem Vertrag«, was lediglich bedeutete, daß sie noch für acht oder sechs oder auch nur für fünf Monate engagiert waren. Dazu kam das »Großberliner labile Ensemble«, womit drei- bis vierhundert Schauspieler bezeichnet wurden, die Abmachungen für noch kürzere Zeit, manchmal nur Wochen oder Tage, hatten treffen können. Auch sie mußten damit rechnen, ein halbes Jahr oder länger arbeitslos zu sein.

Ende August traf auch in Kolberg die Hiobsbotschaft ein. Die Stadt Zwickau hatte sich für zahlungsunfähig erklärt, allen Theatermitgliedern gekündigt und das Theater geschlossen. Das war unmittelbar vor Beginn der neuen Saison, für die alle Engagements an anderen Theatern längst abgeschlossen waren, ein sozial völlig gewissenloser kommunaler Schurkenstreich.

Eine vor dem zuständigen Bezirks-Schiedsgericht Berlin I angestrengte Klage hatte Erfolg. Zwickau mußte sein Stadttheater am 14. November 1931 wieder eröffnen, konnte allerdings die Spielzeit mit Ende am 30. April 1932 noch einmal verkürzen.

Bis es so weit war, hatten einige, die es sich irgendwie leisten konnten, bereits aufgegeben – darunter Inge

Meysel und ihr Intendant Wolfgang Poppe. Sein Nachfolger wurde Paul Krohmann. Und auch Schultze-Griesheim konnte noch eine weitere Spielzeit in Zwickau abreißen. Ob sich unsere Heldin mit ihrem Amanten allerdings zwischen alle Stühle gesetzt hatte, ist kaum einzuschätzen. Denn die Lage in der Provinz war auch für die, welche sich durchgesetzt hatten, äußerst demütigend. Im Oktober 1931 meldete die Weltbühne auf ihrer berühmten letzten Seite:

»In der Provinz findet gegenwärtig eine Theaterwerbewoche statt. Die Schauspieler gehen von Haus zu Haus, um Abonnements oder Gutscheinhefte zu verkaufen. Ein Kollege aus Erfurt klingelt an einer eleganten Villa und trägt dem öffnenden Mädchen sein Anliegen vor.

Das Mädchen verschwindet, um mit der gnädigen Frau Rücksprache zu nehmen und kehrt nach einer Weile zurück.

›Die gnädige Frau läßt fragen, ob Sie denn nicht lesen könnten?‹

. . .?

›Ob Sie nicht lesen könnten!‹

›Wieso?‹

Da deutet das Mädchen stumm auf das Schild neben der Klingel: BETTELN UND HAUSIEREN VERBOTEN!«

Und Erfurt war überall.

»Die Pikanterie des herausfordernden Blicks...«

Statt Zwickau gab es erst einmal verlängerte Ferien an der Ostsee.

Die 21jährige Russin Anjuschka Stenski Sujakewitsch, unter dem Namen Anna Sten *shooting star* des internationalen Films, bereitete sich auf ihren vierten und letzten Film in Deutschland vor – *Stürme der Leidenschaft* mit Emil Jannings unter der Regie von Robert Siodmak. Auf Empfehlung von Ilka Grüning engagierte sie Inge Meysel, um ihren starken Akzent zu mildern. Und da die gleichaltrige Lehrmeisterin ohnehin frei war, wurden die Lektionen nach Hiddensee verlegt, wo es sich am Strand angenehmer pauken ließ als in Berlin.

Die kleine Insel an der Westseite Rügens war in jenen Zeiten eine Prominentenkolonie von besonderem Flair. Ursula Herking hat in ihren Erinnerungen »Danke für die Blumen« dieser versunkenen Welt ein Denkmal gesetzt:

»Schriftsteller, Bühnenkünstler, Regisseure, Filmproduzenten, junges Schauspielervolk, Architekten, Maler, alles, was man so unter ›musischen Menschen‹ versteht, und natürlich auch jene, die sich gern als solche verstanden wissen wollten, fuhren in den Sommerferien nach Hiddensee. Playboys gab es damals noch nicht, ›in‹ oder ›out‹ sein auch nicht. Kein Prominentencafé und schon gar keine Bar. Keine Rubrik in irgendeiner Zeitung berichtete darüber, wer gerade wen ›vernascht‹ hatte. Man baute Burgen im Sand, aber ohne Fahnen, man spielte oben auf den Wiesen der Villa Kruse Boccia, jeder sprach mit jedem. Niemand zeigte auf Prominente: Sieh mal, dort schreitet Gerhart Hauptmann (in der Tat: er ging nicht, er schritt!), oder dort geht Otto Gebühr oder da sitzt Jürgen Fehling... Man war einfach nett zueinander.«

Rund um Anna Sten ging es auch hoch her.

Da war der 35jährige russische Komponist und Musikkritiker Wladimir Rudolfowitsch Vogel, Schüler von Alexander Skriabin und Ferruccio Busoni – rein »stammbaummäßig« befand man sich also auch hier in illustrer Gesellschaft. Wladimir Rudolfowitsch verliebte sich in Inge Meysel oder machte ihr vielmehr regelmäßig das Angebot: »Mein Kind, können Sie nicht einmal ohne Anjuschka sein? Wir könnten doch einmal einen Dünenspaziergang machen.«

Inge Meysel zog sich diplomatisch aus der Affäre:

»Nein, Frau Sten bezahlt mir alles, ich bin ja sozusagen ihre Lehrerin. Ich kann sie nicht allein lassen.«
Anna Sten, die ihre Moskowiter kannte, ließ es mit hart rollendem »r« ihrerseits nicht an Warnungen fehlen: »Halte dich fern von diesem Kerl. Ich weiß Bescheid über diese Russen. Die wollen nur umlegen!«
Worauf Inge nur müde lächelte: »Aber Anjuschka, doch mit mir nicht!«
Aber auch dieses russische Märchen ging zu Ende. Anna Sten drehte den Siodmak-Film ab und folgte dem Ruf Samuel Goldwyns nach Hollywood.

Der Winter in Berlin war für unsere vor Energie berstende Heldin gewiß bitter. Die Zuneigung zu Wolfgang Poppe brauchte sich auf. Im Elternhaus, wo man schon immer nichts Gutes vorausgesehen hatte, war Zuspruch nicht zu finden. Die eigenen Blütenträume welkten, während die Kollegen ihren Weg machten. Carl John war in sein zweites Engagement nach Dessau gegangen. Brigitte Horney spielte an den Reinhardt-Bühnen.
Wie sehr zum Talent aber auch Glück gehört, machte die 20jährige Luise Ullrich wahr, die einfach so aus Wien kam und quasi über Nacht zur Sensation von Theater-Berlin wurde. Sie spielte im Lessing-Theater in der sozialkritischen Farce *Der letzte Equipagew* von Katajew die Nebenrolle einer Straßen-

bahnschaffnerin. Und Alfred Kerr fand in dem »blöden Stück«, unbeschadet der unübersehbaren Präsenz von Adele Sandrock und Oskar Homolka, einen Diamanten:
»Nachwuchs. Die junge Luise Ullrich tritt nach vorn. Mit flinker Anmut. Unbekümmert; unversehrt; unbefangen. Als wäre kein Publikum da! Dies ist der Weg. Ein Gesicht hat sie auch. Also.«
Unmittelbar darauf wurde die also Gefeierte ans Staatliche Schauspielhaus verpflichtet und spielte unter Jürgen Fehling die Kreszenz in der Berliner Erstaufführung von Richard Billingers *Rauhnacht*. Es wurde ein Triumph.
Das Lessing-Theater führten zu diesem Zeitpunkt die Brüder Alfred und Fritz Rotter, zu deren Großkonzern außerdem Lustspielhaus, Metropol-Theater, Theater des Westens und Theater im Admiralspalast zählten. Mitten in der Spielzeit 1931/32 übernahmen sie auch noch das Theater in der Stresemannstraße und eröffneten am 17. Februar 1932 mit der Komödie *In jeder Ehe . . .* mit Leopoldine Konstantin als Kassenmagnet. Inge Meysel erhielt darin endlich »eine sehr süße kleine Rolle« mit fünf Mark Abendgage. Bei höheren Einnahmen, so sah es der Vertrag vor, sollte auf Teilung gespielt, jeder Schauspieler gemäß seiner Einstufung am Gewinn beteiligt werden.
Doch waren das bloße Köder. In dem abenteuerlich

und in betrügerischer Absicht geführten Mammutunternehmen wurden Gelder jeweils nach dem dringendsten Bedarf hin und her ge- und zum großen Teil auf Schweizer Konten verschoben – für die Rente nach dem absehbaren *crash* (was erst mit der Steuerflucht der Rotters Mitte Januar 1933 nach Liechtenstein ans Licht kam). Die Stars mußten notgedrungen bezahlt werden, die anderen waren dem System nicht auf Gedeih, sondern auf Verderb ausgeliefert. Und es kam oft vor, daß sie nicht einmal die vereinbarte Gage ausbezahlt bekamen. Es gab genug andere, die, wenn sie schon hungerten, doch wenigstens spielen wollten.

Inge Meysel jedenfalls schied nach dieser ersten Produktion aus. Inzwischen hatte sich Herr Wahle wieder gemeldet, mit einem Filmangebot für eine winzige Rolle in einer der damals üblichen zweisprachigen deutsch-französischen Co-Produktionen, die diesmal in den Pathé-Studios in Paris gedreht wurde: *Mirages de Paris*, deutscher Titel *Großstadtnacht*. Die Hauptrollen in der deutschsprachigen Version spielten Dolly Haas und Iwan Kowal-Samborski. Regie führte Fedor Ozep.

Künstlerisch brachte der Aufenthalt an der Seine wohl wenig, doch war er menschlich bewegend. Inge Meysel ist sich allerdings in ihren Aussagen nicht ganz einig, ob der russische Regisseur und seine Frau sie wie eine Tochter aufnahmen, oder ob der

Ziehvater nicht doch die Beziehung vertiefen wollte. Auf jeden Fall fand sie sich, obwohl zumal die Russen ihr rieten, nicht nach Deutschland zurückzugehen, nach glücklichen Pariser Wochen wieder in Berlin ein. Trotz aller Differenzen hing sie zu sehr an ihrer Familie. Und der Gedanke, den Vater in schwierigen Zeiten zu verlassen, war ihr erst recht fremd.

Ihr Entschluß – heute würden wir ihn heroisch nennen, aber im Frühjahr 1932 ahnten auch die Pessimisten noch nicht, wohin es mit dem Deutschen Reich kommen würde – wurde umgehend belohnt.

Wolfgang Poppe, wiewohl sitzengelassen, gab nicht so schnell auf. Dreierlei kam ihm nun zu Hilfe. Der heute vergessene Bühnenautor Ludwig Fulda stand vor seinem 70. Geburtstag. Die Hauptrolle in seinem Lustspiel *Fräulein Frau*, das im November 1929 am Hamburger Thalia-Theater uraufgeführt worden war, paßte wie maßgeschneidert auf Inge Meysel. Und die Berliner Theater waren heilfroh, wenn sie die sommerliche Saure-Gurken-Zeit ohne eigenes Risiko überbrücken konnten – das Renaissance-Theater zumal, das die letzte Saison über geschlossen gewesen war, und in dem Inge Meysel nun zu ihrer ersten Berliner Hauptrolle kam.

Die mit Hans Adalbert von Schlettow und Hans Zesch-Ballot auch in den männlichen Hauptrollen angemessen besetzte Produktion hatte am 9. Juli

1932 Premiere, sechs Tage vor des Dichters Geburtstag. Es wurde ein Erfolg. Die Deutsche Tageszeitung lobte:
»Die junge Schauspielerin Inge Meysel ist eine angenehm natürliche Nina; ein Mädel, das trotz aller guten Bürgerlichkeit ihr Temperament prickelnd spielen läßt. Die Kleine hat Talent und ist wert, daß man ihre Entwicklung verfolgt.«
Der Abend schrieb:
»Fräulein Inge Meysel, aus dem Reich in Berlin zu Besuch, vielleicht mit Niederlassungsabsichten, be-

Mit Hans Zesch-Ballot (links) und Hans Adalbert von Schlettow in »Fräulein Frau« von Ludwig Fulda, Renaissance-Theater, Berlin 1932

sitzt die Pikanterie des herausfordernden Blicks, die Pfiffigkeit, auch in der großen, natürlich nicht fehlenden Abrechnungsszene die schluchzende Nachtigallenstimme und schließlich jenen erlösenden Aufschrei, der das Signal zum Zuziehen des Theatervorhangs und der Bettgardine gibt.«

Aber es war eben Sommertheater. Das 8 Uhr-Abendblatt zog unter der Balken-Überschrift »In Berlin ist nichts los! Der ödeste Theater-Sommer seit vielen Jahren« Bilanz:

»In dem Blatt, das wir aufschlagen, haben fünf (5) Theater annonciert. Was ist da los? Im Westen kann man ein paar nette, aber doch recht anspruchslose Lustspiele sehen. Da ist der Fulda mit der reizenden Inge Meysel im Renaissance-Theater und das Drei-Personenstück um die Liebe mit der bildschönen Tschechowa in der Komödie. Gleich daneben die derb-drastische *Ganovenehre*, die es schon zu 75 Aufführungen gebracht hat. Schön, aber Ihre Leute wollen mehr. Sie wollen etwas sehen, was es nur in Berlin zu sehen gibt, etwas, wovon man auch im Reiche spricht.«

Für ein Weiterkommen in Berlin gab es also keine Chance, denn die Starkritiker, deren Meinung Theater-Berlin abgöttisch zur seinen machte, und die Einfluß genug besaßen, eine Entdeckung auch den Theatern schmackhaft zu machen, weilten in ihren Ferien-Domizilen. Für ein Engagement in der

Provinz für die nächste Spielzeit war es ebenfalls längst zu spät. Ja, wäre da nicht ein weiterer Glückszufall gewesen.

Während die Vorstellungen von *Fräulein Frau* liefen, wurde Inge Meysel zum städtischen Agenten Schultz bestellt. Dort traf sie Wilhelm Berthold, den Vorstand der Leipziger Schauspielhaus-GmbH, der sie in dem Stück gesehen hatte. Es gab noch ein kurzes Vorsprechen. Danach erkundigte sich Direktor Berthold in aller Form: »Hätten Sie Lust, für ein Stück nach Leipzig zu kommen? Wir suchen für den *Tiefstapler* noch die Besetzung für die kleine Gaunerin. Aber es ist eben nur eine Gastrolle.«

Inge Meysel brauchte nicht nachzudenken: »Ja, ich würde gern ans Leipziger Schauspielhaus kommen. Otto Werther ist für mich einer der größten Regisseure.«

»Nein, Direktor Werther hat damit nichts zu tun. Regie wird Herr Poppe führen.«

»Dann habe ich das also Poppe zu verdanken . . .«

Die Situation war etwas prekär, denn Wolfgang Poppe, der aus einer Leipziger Familie stammte, rechnete fest damit, daß sie nun wieder zusammen wohnen würden.

Doch sie blieb eisern. »Nun haben wir uns getrennt, nun muß es dabei bleiben!«

Selbst den Vorschlag, bei seinen Eltern zu wohnen, schlug sie aus und suchte sich ein eigenes Zimmer.

Auch in Leipzig war noch sommerliche Zwischensaison mit leichter Kost. Und da kam *Der Tiefstapler*, eine Kriminalgroteske von Franz Cammerlohr, die am 2. Juni 1932 im Berliner Theater in der Behrenstraße uraufgeführt worden war, gerade recht. Die Premiere am 14. August wurde ein runder Erfolg. Die Leipziger Neuesten Nachrichten vermerkten »Schmunzeln, Gelächter, Beifallsrauschen« und über den Neuzugang: »Mund- und handfest legte Inge Meysel das verwogene Tanzgirl hin«, womit wohl verwegen gemeint war.
Gerade rechtzeitig kam auch der wirkliche Direktor und Oberspielleiter Otto Werther von einer auswärtigen Verpflichtung zurück und zeigte sich ebenfalls angetan: »Also dieses Mädchen können wir eigentlich behalten. Und zum Abschluß der Sommerspielzeit machen wir erst einmal *Fräulein Frau.*«
Nach der Premiere am 21. August legten die Leipziger Neuesten Nachrichten bei ihrer Erfolgsmeldung noch zu:
»Allerdings stand auch in Inge Meysels humorvoll überspannter kleiner Nina eine drollige Sehenswürdigkeit für sich auf der Szene, die viel zum Erfolge beitrug. Die Verbindung von Temperament mit diesmal mehr feinkomischen Nuancen ergab reizende Effekte. Hier wächst ein Talent besonderer Art heran!«
Diese zweite Produktion von *Fräulein Frau* inner-

halb von fünf Wochen wurde für Inge Meysel auch in anderer Hinsicht zum Schicksal.

Im *Tiefstapler* hatte sie ein entsetzlich arroganter Bonvivant geärgert, der mit der Salondame Wanda Rotter Witzeleien machte und mit dem sie ein paarmal richtig zusammenstieß. Er hieß Helmuth Rudolph und kam von den Städtischen Bühnen Nürnberg: »Damit war er für mich sofort deklassiert. Denn in Leipzig hätte ich zumindest Johannes Riemann erwartet. Gegen den war ja selbst mein Zesch-Ballot eine Berliner Koryphäe.«

Im Verlauf der Vorstellungen von *Fräulein Frau*, wo Helmuth Rudolph ihr direkter Partner war, änderte sich ihre Meinung allerdings peu à peu.

Der entscheidende Durchbruch aber ereignete sich bei einem Abstecher in die Braunkohlenstadt Bitterfeld. Die Szene spielte auf der Terrasse eines Hotels in Nizza. Der Komiker Reinhold Balqué, der mit besonderem Erfolg einen Oberkellner auf sächsisch gab, fing an: »Nu, hier sähn Se sogar die See!« Doch er sagte es in eine absolute Finsternis, denn ein Kurzschluß hatte soeben ganz Bitterfeld lahmgelegt.

Inge Meysel begann ein wenig zu glucksen. Helmut Rudolph, der sich besser in der Gewalt hatte, zog ein Feuerzeug aus der Tasche und antwortete ebenfalls auf sächsisch: »Nu wer'n wa uns mal die Gägend besonders ansehn!« Seine Partnerin konnte das Lachen nicht mehr zurückhalten. Balqué ging mit der

Bemerkung »Wir wer'n hier ja noch Lichter haben!« hinaus, Rudolph pustete das Feuerzeug wieder aus und murmelte: »Sonst hab ich nachher für die Zigaretten kein Feuer mehr!«

Als Balqué mit einer brennenden Kerze zurückkam und verkündete: »Die Herrschaften gönn' jetzt weiterspielen!«, war es um die Protagonistin ganz geschehen. Vom Dreivierteldunkel verborgen, lief ihr die Wimperntusche in Bächen über das Gesicht, und das Publikum konnte nur eine glucksende Silhouette beobachten, die immer wieder einzelne Satzfetzen herausstieß. Zum Glück mußte die Vorstellung ohnehin unterbrochen werden.

Nach einer Stunde ging es an der nämlichen Stelle weiter: »Wie wir Hand in Hand als dieses frischgebackene Paar da an der Côte d'Azur auftraten, haben die Leute wie verrückt geklatscht. Und bei den ersten Sätzen haben wir wieder so angefangen zu lachen, daß ›Hell‹ unterbrach: ›Einen Moment mal!‹ Er ging an die Rampe, das konnte er souverän, und sagte: ›Wir treten noch einmal auf!‹ Und dann sind wir abgegangen und haben die Tür wieder aufgemacht und gesagt: ›Gott, ist das ein schöner Anblick!‹ Ich glaube, die Bitterfelder, die drin waren, haben diesen Abend nie vergessen. Und an diesem Abend haben wir uns zum ersten Mal geküßt. Es war wohl der Abend, an dem es begann.«

Wobei zu dem Faktum, daß Inge Meysel, wie wir

inzwischen wissen, ihre Zeit zur Zärtlichkeit brauchte, diesmal noch ein erschwerendes Kriterium hinzukam, das wohl damit zusammenhing, daß sie eigentlich als Junge geplant war:

»Ich bin nie auf schöne Jungs geflogen oder auf stattliche und elegante Männer. Ich mußte mit Freunden lachen, mit ihnen streiten, mich am liebsten mit ihnen hauen können. Und ich mußte auch immer ein ganz klein wenig bewundern können. Ich glaube, wenn mir ein Mann mit dem größten Buckel begegnet und geistreich gewesen wäre – das wäre mir egal gewesen. Daß ich auf einen schönen Burschen wie den ›Hell‹ reinfiel, lag – glaube ich – an dem ungeheuren Gelächter, das wir beide in Bitterfeld veranstalteten.«

Die erste große Liebe, Rollen über Rollen an einem renommierten Theater einer größeren Stadt – die Zeit in Leipzig war, wie sie sagt, die schönste ihres Lebens. Vielleicht auch, weil gerade ein hellhöriger (nicht ›Hell‹ höriger) Mensch wie sie seine Existenz in der Situation der Bedrohung um so intensiver auskosten wollte.

Denn die Zeichen waren bedrohlich. Da gab es zwar noch immer eine gewissermaßen launige Form des Antisemitismus. Eine Anekdote aus jenen Monaten handelte von den Anrufen im Berliner Funkhaus, die es besonders mit der klassischen Musik hatten:

»Heute ist bei euch wieder alles durcheinander. Quartett von Haydn steht auf dem Programm, und spielen tun sie ›Deutschland, Deutschland über alles!‹« Auf den geduldigen Hinweis, daß diese Melodie ja aus Haydns Kaiser-Quartett stamme, meinte Volkes Stimme lediglich: »Ach, ihr Juden habt für alles 'ne Ausrede!«

Doch es gab auch im kulturellen Bereich bereits alarmierende Symptome. Am 6. September 1932 warnte Herbert Ihering in der Weltbühne unter der Überschrift »Harakiri des Theaters?«:

»Was noch vor wenigen Wochen als drohendes Zukunftsbild des deutschen Theaters aufgestellt wurde: die Demoralisierung der Betriebe durch Denunziation, die Zerstörung künstlerischer Gemeinschaften durch Terrorisierung, die Feigheit des Bühnenvereins, das ist längst Gegenwart geworden. Intendanten versperren jüdischen Darstellern das Engagement aus Angst vor den Nazis. Stücke verdächtiger Autoren – und jede Begabung ist verdächtig – werden nicht mehr gespielt. Schauspieler schrecken vor keinem Mittel zurück, gegen ihre Intendanten Material zu bekommen, wenn sie ihnen nicht gefügig sind.«

Während auch in Leipzig am städtischen Alten Theater der Intendant Detlef Sierck bereits Unannehmlichkeiten mit dem braunen Kraken hatte, gaben sich im Schauspielhaus noch alle äußerst liberal.

Schwierigkeiten ganz anderer, unvermuteter Art bekam Inge Meysel, als Hermine Körner in einer ihrer Paraderollen auf Gastspiel kam – als Schauspielerin nicht nur dem inneren Triebe, sondern auch der Not gehorchend.
Die Körner, zur Prinzipalin berufen wie einst die Neuberin, war mit ihren diesbezüglichen Unternehmungen gescheitert, weil sie in finanziellen Dingen

Hermine Körner mit Wolfgang Liebeneiner in der Lesbierinnen-Tragödie »Das schwache Geschlecht« von Edouard Bourdet, Theater am Kurfürstendamm, Berlin 1931

zu vertrauensselig war. 1924 hatte sie die Leitung des Schauspielhauses in München abgeben müssen, und 1929 war das Albert-Theater in Dresden von einem betrügerischen Betriebsdirektor in den Konkurs getrieben worden. Nach Befriedigung aller Gläubiger stand Hermine Körner persönlich »vis à vis de rien« und mußte sozusagen tingeln. Was den Häusern, an denen sie gastierte, allerdings sehr zugute kam, denn sie war ein Kassenmagnet erster Ordnung.

Allerdings war sie, wie es Inge Meysel schien, nicht immer ganz rollendeckend:

»Sie spielte selbst noch in diesem Alter, in dem sie damals war, die ›Braut von Messina‹ und hatte siebzehn Schleier um den Hals und den Kopf rum, aber sie war wundervoll. Sie brachte immer ihren jeweiligen Liebhaber mit, denn sie hatte einen großen Verschleiß und hatte – wie man weiß – auch noch verschiedene Liebhaberinnen. Aber das war wohl mehr in ihrer Jugend gewesen.«

Diesmal brachte die gerade 50jährige Tragödin *Liselott von der Pfalz* mit, ein Lustspiel von Rudolf Presber und Leo Walther Stein. Und die junge Liselott im Vorspiel konnte sie nun wirklich nicht mehr geben.

Otto Werther löste das Problem umgehend: »Sie werden es nicht glauben, aber ich habe für Sie ein wirklich hochtalentiertes Mädchen. Es wird Ihre Freude sein.«

Inge Meysel wurde präsentiert. Hermine Körner richtete ihr Ohrenmerk erst einmal auf die Stimme der Kleinen: »Ich höre, Sie sprechen keinen Dialekt. Und das müssen Sie schon können. Die Liselott ist eine Dialektrolle.«

Die Nachwuchs-Liselott ackerte also wie verrückt. Die Körner lachte nach dem Vorsprechen sehr und meinte dann großzügig: »Ich lasse es durchgehen. Aber wirklich, sehr pfälzisch ist es nicht.«

Das fand die Kritik nun gar nicht:

»Wir sahen zwei Liselotten. Die im Vorspiel, bezwingend mit den Reizen nachwüchsiger Jugend und holdschnäbeligen Schwäbelns: Inge Meysel.«

Wie konnte man auch mitten in Sachsen wissen, daß zwischen dem pfälzischen und den diversen schwäbischen Idiomen fundamentale Unterschiede bestehen?

Gravierender war, daß sich die junge Liselott in der Premiere »durch einen allzu temperamentvollen Sprung« eine ernsthafte Fußverletzung zuzog.

Doch was zählte das gegen die seelischen Verletzungen, die ihr Hermine Körner schon während der Proben zugefügt hatte. Immer wieder ging Inge zu Heinz Leo Fischer, dem 30jährigen regierenden Begleiter der Körner, der gleichzeitig als Regisseur und als Darsteller des Duc d'Orleans fungierte, des etwas angetrottelten Ehemanns der mundflinken Pfälzerin: »Herr Fischer, sagen Sie bitte Frau Körner, sie möchte mich Inge nennen. Oder Meysel meinetwegen. Ich kann das nicht mehr hören: ›Claire, das war sehr schön!‹ Oder: ›Claire, der Satz war nicht richtig!‹«

Und Fischer versuchte zu vermitteln: »Du, laß sie zufrieden. Es war doch ihre Jugendsünde.«

Es handelte sich, um den Leser nicht länger auf die Folter zu spannen, um Claire Waldoff, oder vielmehr um ein Phantom-Bild aus alten Zeiten, das Hermine Körner mit aller Gewalt in die Gegenwart beschwören wollte.

Sie stand also weiterhin jeden Abend beim Vorspiel in der Kulisse, nickte entweder oder schüttelte leise den Kopf, wenn sie meinte, daß ihr Phantom heute nicht gut gewesen sei.

Endlich reichte es Inge Meysel, daß die große Kollegin niemals sie, sondern immer nur die andere sah, und stellte sie: »Frau Körner, ich halte das nicht aus. Ich habe mir für Sie meine Haare hellrot gefärbt, nur weil Ihnen das Dunkelrot nicht gefiel. Jeden zweiten Tag habe ich mir die Farbe draufgeschmiert und eine Haarwurzelvergiftung bekommen, weil da Grünspan dran war. Alles habe ich für Sie getan. Aber Sie müssen sich jetzt mal merken, daß ich Inge heiße!«

Hermine Körner behielt ihre Contenance: »Komm in der Pause in meine Garderobe.«

Die Aussprache war dann kurz und von leiser Trauer

umschattet: »Eines mußt du wissen, mein Kind. Claire Waldoff war eines der wundervollsten und entzückendsten Mädels meines Lebens. Ja, ich weiß, ich habe es von Fischer gehört, daß du gesagt hast: ›Diese dicke, fette, ordinäre Nudel!‹ Und dafür müßte man dir den Arsch blau hauen. Denn sie ist heute noch eine wundervolle Frau. So – und nun marsch weg. Und sei selig, wenn ich dich weiter Claire nenne.«
Die etwas fatale Äußerung der Inge Meysel über eine große Künstlerin, die Jahrzehnte die Stimme des echten, unsentimentalen, ungekünstelten Berlin blieb, mag sich mit dem unbarmherzigen Ehrgeiz erklären, den aufstrebende Nachwuchskräfte so an sich haben. Allerdings weist es darauf hin, wie desinteressiert sie außerhalb ihrer eigenen Welt an Phänomenen war, welche die Berliner Kultur so nachhaltig prägten.
Doch war sie gestraft genug. Das Verhältnis zu Hermine Körner erstarrte zum Gruß-Verhältnis. Und sie kann sich nicht einmal erinnern, ob sie überhaupt noch einmal mit irgendeinem Namen angesprochen wurde.

Das Gastspiel Hermine Körner ging indes vorüber. Und es folgte die wichtigste Aufgabe, die Kreszenz in Billingers *Rauhnacht* in der Regie von Otto Werther, die am 18. November 1932 Premiere hatte.

Rauhnacht, das bedeutet in einem Dorf im oberösterreichischen Innviertel das Wiederaufleben heidnischer Bräuche, denen ein gieriges, lüsternes Mädchen verfällt und schließlich von einem ländlichen Jack the Ripper im Blutrausch werwölfisch zerfleischt wird.

Eine heikle Rolle also. Über die Berliner Aufführung hatte Alfred Polgar geschrieben:

»Noch selten dürfte sich ein Opfer dem Opferer so fast zudringlich serviert, ihm das Messer, unter dem es fällt, so unabweislich in die Hand geschmeichelt haben. Luise Ullrich, aus Wien versteht sich, macht das mit überzeugend echtem, sinnlich-kindlichem Temperament. Kein falscher Ton in ihrer glitzernden Skala.«

Und nun also Leipzig:

»Sehr stark Inge Meysels Kreszenz, das Opfer; ein Jungmädel mit vibrierenden Nerven und Sinnen, naiv und ein bißchen lüstern, lebenshungrig und mit plötzlich erwachtem Drang nach Selbstaufgabe.«

Zwei Charaktere, zwei Interpretationen. Und wenn man in Rechnung stellt, daß der Leipziger Rezensent natürlich nicht so wortgewaltig war wie ein Alfred Polgar, ist es durchaus glaubhaft, daß Inge Meysel diesmal wirklich von »allen« Agenten eine ähnlich lautende Botschaft erhielt: »Verpflichten Sie sich nicht weiter in Leipzig, wir haben noch viele, viele Sachen anzubieten.«

Es wäre also möglicherweise der große Durchbruch gewesen.

Dann kam der 30. Januar 1933, die Ernennung Adolf Hitlers zum Reichskanzler durch den Reichspräsidenten Paul von Hindenburg und der große Fackelzug der Nationalsozialisten durch Berlin.
Nach der Vorstellung rief Inge Meysel aus dem Leipziger Theaterrestaurant ihre Eltern in Berlin an, die mit dem 18jährigen Harry völlig verstört in der Badenallee saßen, und machte ihnen Mut: »Um Gottes willen, laßt euch nicht unterkriegen! Werdet nicht verrückt. Pappa soll mal die nächsten Tage nicht ins Geschäft gehen. Ich kenne doch diese Berliner, die sind erst euphorisch, und danach ist schon wieder alles vergessen. Das dauert ein paar Monate, dann ist die ganze Geschichte vorbei. Beruhigt euch.«
Und Julius Meysel sagte: »Ist ja schon gut, ist ja schon gut, Inge. Ich hoffe, es ist so, wie du es sagst. Wir werden sehen!«
Nach Beendigung des Telefongesprächs meinte ›Hell‹: »Reg dich doch nicht auf. Es ist wirklich, wie du es siehst. In ein paar Monaten ist alles vorbei.«
Am nächsten Morgen kamen SA-Leute in die Probe: »Wo ist der Schauspieler Walden?«
Karl Walden war Kommunist.
»Sie sind verhaftet, kommen Sie mit.«
Inge Meysel hatte bis dahin arglos gedacht, daß

eigentlich alle am Theater Kommunisten wären, und mußte nun feststellen, daß dem nicht so war:
»Wir verabschiedeten uns von Walden. Er wurde weggeführt. Und dann kam Otto Kasten, der erste Dramaturg, mit seinem zweiten Dramaturgen Walter Meyer herunter. Und Dr. Meyer sagte: ›Na, so konnte es schließlich nicht weitergehen. Es war hier ja wirklich zu schlimm.‹ Ich guckte ihn etwas entgeistert an. Und Herr Kasten fügte hinzu: ›Na ja, nun werden die Theater ja auch entjudet werden!‹ oder so etwas.«
Kurz darauf stellte sich heraus, daß Gerhard Ritter, ihr Partner in *Rauhnacht*, schon lange Parteigenosse war – Ritter, der ihr bei jeder Vorstellung erzählt hatte, wie gut sie sei, und welche Freude es mache, mit ihr zu spielen. Er trug nun das Parteiabzeichen, das er bisher unter dem Revers verborgen hatte, offen.
Drastischer ging die Mütter-Darstellerin Gertrude Langfelder-Viehweg den viehischen Weg der Partei. Sie machte kund, daß sie mit Emilie Winterberg, einer kleinen, reizenden Chargen-Spielerin, nicht weiter auf einer Bühne stehen könne. Und Herr Kasten und Herr Dr. Meyer pflichteten ihr bei.
Es wäre also in diesem so jäh vergifteten Ensemble eigentlich kein Arbeiten mehr gewesen. Aber da war ja die Hoffnung, daß sich der Spuk ebenso rasch verflüchtigen würde, wie er gekommen war.

Und da war auch Otto Werther, der sich seine Zivilcourage nicht abkaufen ließ. »Inge Meysel spielt weiter bis zum Ende der Spielzeit!«
Und das tat sie.
Am 14. Juni veranstaltete das Schauspielhaus als Saison-Finale noch einen bunten, witzigen Werbeumzug durch die ganze Stadt mit Fanfarenbläsern, Festwagen und Tieren aus dem Zoo. In der Sophienstraße vor dem Theater endete das Happening.
Auf einem Kamel führte Inge Meysel den Zug an und bekam ihre letzte – und die erste schlechte – Leipziger Kritik:
»Nur das Kamel blamierte sich. Als es an die Sophienstraße kam, bog es nicht nach links ein, um sich Karten zu kaufen, sondern trottete weiter. Aber kann man von einem Kamel Kunstverständnis verlangen?«
Vielleicht hatte das Tier mehr als das. Denn um Inge Meysel sehen zu können, würde ab nun kein Leipziger mehr an die Theaterkasse gehen ...

Ihr Leben kostet 145,— Mark monatlich
inklusive alles in der
Villa Godal, Staatsbad Lubochna, Tatra (CSR.).
Idealer Daueraufenthalt in herrlichster Gebirgslandschaft für geistige Arbeiter, ganz persönliche Pflege. Alle Zimmer Schleiflackmöbel, warm und kalt Wasser, großer Garten. Anfragen bitte direkt.

Anzeige als Tip zum »Überwintern« in der letzten Ausgabe der »Weltbühne« vom 7. März 1933

»Er da oben läßt uns überleben!«

Inge Meysel konnte nirgendwo in Deutschland mehr auftreten. Doch ein Ausweg schien offen. Hanns Donadt, der Intendant des Stadttheaters in Danzig, hatte eine Vorstellung in Leipzig besucht, Helmuth Rudolph einen Zweijahres-Vertrag angeboten und ihr selbst immerhin eine Gastspielrolle pro Saison.

Danzig war 1921 durch den Versailler Vertrag – mit der Begründung, Polen freien Zugang zur Ostsee zu ermöglichen – Freie Stadt und Freistaat geworden, stand unter der Kontrolle des Völkerbunds und war vom Deutschen Reich nur durch einen »Korridor« zu erreichen.

Wie diese Regelung in der Praxis aussah, darüber gibt uns abermals die Weltbühne Zeugnis, eine Zeitschrift, in der Kurt Tucholskys Devise galt: »Ihr habt diesen Krieg verloren. Und ihr habt ihn zu Recht verloren.« Eine Zeitschrift also, die über jeden chauvinistischen und revanchistischen Zweifel erhaben war. Um so ernster ist das Reise-Feuilleton zu nehmen, das Hans Reimann in der Nummer vom 8. Januar 1929 Danzig widmete:

»Heißt auf polnisch Gdansk. Hat 233000 Einwohner. Davon ein Prozent Polen. Liegt nicht an der Weichsel, sondern an der Radaune, und die fließt in die Mottlau, und die fließt in die Weichsel, und die fließt in die Ostsee...

Man mag noch so international und großzügig empfinden: der polnische Korridor ist übelste Schikane, eines erwachsenen Volkes unwürdig. Ich bin ohne Vorurteile und ohne Chauvinismus: aber es paßt mir nicht, mich nachts achtmal wecken zu lassen und zu sehen, wie fremde Menschen in meinem Koffer wühlen und mir sogar an die Taschen fassen. Ganz abgesehen von der nervenzermürbenden Warterei und demütigenden Behandlung auf dem polnischen Konsulat zu Berlin. Die Polen sollten sich intelligenter benehmen. Wer ein Visum haben will, ist deshalb beileibe noch kein Strolch...

Bei einem Goldwasser lande ich abermals. Eins nach dem andern rollt in meinen Schlund. Wohin? Wohin? Wo bleibt das Gold? Ein erfahrener Greis vertraut mir an, es sei hundertkarätiges Gold, was ich da schlucke. Ob ich es bei der Abreise, bei der Ausreise abliefern muß? Ob die Polen mich auf Goldgehalt visitieren? Es wäre mir peinlich.«

Dieser Text läßt ohne völkische und vaterländische Parolen ahnen, daß die Abspaltung Danzigs eine der unseligsten Entscheidungen in der Neuordnung nach dem Ersten Weltkrieg war. Der Völkerbund konnte weder die polnischen Übergriffe kontrollieren, noch die sich daraus ergebende extreme Einstellung der Danziger Deutschen, die wie unter einem Brennglas die nationalen »Tugenden« zum Qualmen brachte.

Dieser »Geist von Danzig« manifestierte sich etwa in dem Amateurdichter Hans-Joachim v. Schulz, Leutnant zur See a. D. und Kaufmann in Zoppot, der für sein Geschäft gereimte Werbung betrieb:

> In diesen furchtbar ernsten Zeiten
> Ists jedes Deutschen höchste Pflicht,
> Daß er – und selbst in Kleinigkeiten –
> Nur Deutschen hilft und Fremden nicht!
>
> Deshalb muß man bei Deutschen kaufen!
> Ein Schweinehund, ders anders macht! –
> Wozu zum Juden, Fremden laufen,
> Die nur aufs eigne Wohl bedacht?

So sah es also in Danzig aus. Mit dem Beginn des Dritten Reichs bot sich darüber hinaus endlich Hoffnung für eine Befreiung vom polnischen Joch, die Ausgrenzung gegenüber allem »Fremden« verstärkte sich noch. Der Freistaat war also 1933 trotz der Aufsicht des vom Völkerbund bestellten schweizerischen Hochkommissars nur noch de jure ein Hort der Freiheit für die von den Nazis Geächteten und Verfolgten.

Inge Meysel meint in der Rückschau, daß Helmuth Rudolph zu den ganz wenigen gehörte, die »so anständig und dämlich zugleich waren in bezug auf die politische Nase«. Doch sah wohl auch sie die Chancen in der Enklave zu rosig. Es ging nun nicht mehr darum, daß man mit dem Jungen vom Nachbarblock nicht mehr Rad fuhr, weil die politischen Ansichten nicht übereinstimmten. Und daß es in Danzig keinen Arier-Paragraphen gab, besagte in der Realität wenig.

Als sie zu Beginn der Spielzeit 1933/34 ankamen, hatte sich das Stadttheater soeben in Staatstheater umbenannt. Hanns Donadt war auf den Posten des Oberspielleiters und Dramaturgen zurückgestuft worden. Die Generalintendanz hatte der bisherige Generalmusikdirektor Erich Orthmann übernommen, der sich in dieser Funktion nun mit dem mehr völkisch klingenden Titel Staatskapellmeister schmückte. Wie nicht anders zu erwarten, war er ein linientreuer Parteigenosse. Die Verflechtungen der Danziger Bühne mit dem Deutschen Reich beschränkten sich nicht auf das Schiedsgericht in Berlin und die Versorgungsanstalt Deutscher Bühnen in München.

Es war, um mit Friedrich Torbergs Tante Jolesch zu sprechen, »noch ein Glück«, daß Inge Meysel am Danziger Sender unterkam und einige dankbare Rollen in Hörspielen erhielt.

Der Vater in Berlin sah ebenfalls schwinden, was er sich mit Energie und Tüchtigkeit geschaffen hatte. Erst kündigten nur einige wenige Vertreter. Dann versiegte die Haupteinnahmequelle, die Belieferung der Ämter-Kantinen. Einige Interessenten wollten ihm seine Firma abkaufen und warnten ihn: »In ein paar Monaten übernehmen wir Ihr Geschäft für 'n Appel und 'n Ei.«
Doch Julius Meysel verstand das alles nicht. Er war Deutscher, zu achtzig Prozent kriegsversehrt und Träger des Eisernen Kreuzes. Er war keine Ausnahme. Wie er dachten viele Juden.
Der Theaterunternehmer, Regisseur und Bühnenautor Rudolf Bernauer, der mit seinem Partner Carl Meinhard eine Reihe von Berliner Theatergebäuden in Besitz hatte, beschreibt in seinen Erinnerungen »Das Theater meines Lebens« dieses Phänomen aus der Gegenposition:
»Es wäre uns vielleicht noch möglich gewesen, für eine kurze Zeitspanne durch eine Hintertür in unsere Theater zu gelangen. Doch wir verzichteten. Wir hatten nicht das Bedürfnis, unter dem Deckmantel eines Angestellten oder Beraters die uns von der

Partei eingesetzten Direktoren zu unterweisen und unseren Unterdrückern helfend zur Hand zu gehen. Diese Kurzsichtigkeit überließen wir den Besitzern kaufmännischer und gewerblicher Betriebe, die im Gegensatz zu den Vertretern der Kunst, Wissenschaft und Presse im Augenblick noch nicht verfolgt wurden und sich einbildeten, sie würden niemals ›drankommen‹.«

Auch Julius Meysel »kam dran«, durfte bald nur noch ein letztes Mal zur Prüfung der Bücher und zur »Abwicklung« seines Geschäftes die Büroräume betreten. Die Wohnung in der Badenallee wurde gekündigt. Es fand sich eine andere mit nur noch viereinhalb Zimmern in Berlin-Mitte, deren Badeofen mit Koks geheizt werden mußte und die in einer belebten Straße lag. Ein Umzug, der vorläufig indes nur als Verschlechterung der Lebensqualität empfunden wurde.

Grete Meysel konnte sich ebenfalls nicht damit abfinden, daß Unrecht die Grundlage des neuen Staates war. Sie machte eine Eingabe bei Ludwig Körner, dem ehemaligen Vorsitzenden der Bühnengenossenschaft, der Inge einige Male in Leipzig gesehen und bei Einladungen nach der Vorstellung gebeten hatte: »Na, dann holt mir mal die Meysel an die Seite.« Ein Wohlwollender also, der es überdies inzwischen weit gebracht hatte.

Körner war nun Präsident der Reichstheaterkammer, Sonderbeauftragter des Herrn Reichsministers für Volksaufklärung und Propaganda für die Sozial- und Altersversorgungsfragen der Reichskulturkammer und ehrenamtlicher Geschäftsführer der »Goebbels-Stiftung für Bühnenschaffende« in Berlin sowie Mitglied des Reichskultursenats.

Inge Meysel bekam einen Termin in der Keithstraße 27 und saß unversehens nicht Ludwig Körner gegenüber, sondern dessen jüngerem Bruder, der in strammer Uniform ihre Unterlagen durchsah und zu dem Fazit kam: »Tja, die ganze Sache wäre ganz leicht, Frau Meysel, wenn Ihr Vater gefallen wäre. Dann könnten Sie sofort spielen.«

Mit einem Lachen, das aus dem Inneren kam und sich selbständig machte, antwortete sie: »Sie werden es nicht glauben, aber wir sind eigentlich ganz froh, daß er nicht gefallen ist.«

Der jüngere Körner wurde überraschend totenblaß: »Um Gottes willen, so habe ich das nicht gemeint! Bitte warten Sie einen Moment!«

Nun war sie mit »Adolf« alleine, mit seinem Bild hinter dem Schreibtisch und dachte: Hab ich das nötig gehabt, mußte meine Mutter hierher schreiben ...

Dann wurde sie einen Stock tiefer gebeten. Ludwig Körner kam ihr entgegen: »Mein Bruder hatte das natürlich nicht so gemeint. Sie kennen uns. Sie wissen, wie sehr ich Sie bewundert habe. Aber wir sind in einer Zwickmühle. Ich habe einen Minister über mir. Aber eines verspreche ich Ihnen: Ich versuche alles, was menschenmöglich ist, um Ihnen zu helfen!«

Einige Tage später traf in Danzig die endgültige Bestätigung des Berufsverbots ein. Und der Vertrag von Helmuth Rudolph wurde ebenfalls nicht verlängert. Für ihn kam Karl Pschigode, der spätere Intendant der Städtischen Bühnen Nürnberg.

Am Danziger Staatstheater war in der Spielzeit 1934/35 die Gleichschaltung mit dem Reich noch offenbarer, die Besucherorganisationen Volksbühne, Bühnenvolksbund und Theatergemeinschaft der Beamten im Handstreich abgeschafft worden. Ab nun gab es nur noch eine einzige – die NS-Kulturgemeinde. Und das alles unter den Augen des Hochkommissars, der das neu erstarkte Deutschland nicht mit Kleinlichkeit brüskieren mochte.

Die folgenden Jahre waren für Inge Meysel von zwei Konstanten bestimmt – der immer brennenderen Sorge um den Vater und dem »Arrangement«, das an den Bühnen, an denen Helmuth Rudolph engagiert war, mit ihrer Umgebung zu treffen war.

Sein Engagement am Komödienhaus in Dresden in der Spielzeit 1935/36 war für beide eine elende Zeit. Ein Kollege mit dem verwegenen Namen Horst Bogislav von Smelding nahm sofort Witterung auf und

sorgte dafür, daß der »Mischling« das Theater nicht betreten durfte.
Um kein Risiko einzugehen, nahmen sie eine Wohnung in Moritzburg. Zur unerträglichen Situation, den Beruf nun überhaupt nicht mehr ausüben zu können, kam für Inge Meysel die Einsamkeit. Der Partner, der täglich Proben und abends Vorstellung hatte, war wenig zu Hause und auch dann nur begrenzt belastbar. Er war selbst unglücklich genug. Der Ruf an das Hamburger Thalia-Theater für die nächste Saison kam wie eine Erlösung.
Vorher, bei einem Zwischenstop in Berlin, unternahm Grete Meysel in ihrer Herzensnot einen letzten Versuch, dem Schicksal in die Räder zu greifen. Die Bemühung, sich und Julius nach Dänemark zu retten, war gescheitert. Die dänischen Behörden lehnten es ab, einen achtzigprozentigen Invaliden einzubürgern, dessen Vermögen überdies im Harren auf die Gerechtigkeit so gut wie zerronnen war. Also schien ihr nur noch die Flucht in die Religion zu bleiben.
Denn die beiden Kinder waren, um dem Gezänk der so gegensätzlichen Großeltern einen Riegel vorzuschieben, bei keiner Religionsgemeinschaft registriert worden. Nun lockte Grete die 26jährige Inge und den 20jährigen Harry in die Lazaruskirche im Stralauer Viertel, vor der einst die Großmutter Anna Hansen gestorben war, und verordnete ihnen im

Handstreich eine protestantische Taufe. Die Verzweiflungstat machte wenig Sinn. Auf dem Taufzettel war lediglich vermerkt: »Diese gebührenfreie Bescheinigung hat nur zu kirchlichen und zu Schulzwecken Gültigkeit.« Und beides kam ja nun wohl nicht in Betracht.

Julius Meysel erfuhr nie von diesem Schritt. Und die Aktion konnte auch nichts gegen den steten Abbau seiner bürgerlichen Rechte bewirken, gegen Schikanen, die noch nicht lebensgefährlich, aber unendlich demütigend waren, und die er mit vielen ebenso gutgläubigen wie saumseligen Verfolgten zu teilen hatte.

Und doch gab es in dieser schier unauflöslichen Verstrickung in das Schicksal eine Art Talisman, wie er aus einer arabischen Erzählung oder einer italienischen Renaissance-Novelle hätte stammen können.

Als der Pelzhändler Silbermann aus Berlin wegging, sagte er: »Inge kriegt noch einmal einen Traummantel von mir.« Und Julius Meysel bestand darauf, sich von seinem letzten großen Geld daran zu beteiligen, was ja auch dem emigrierenden Geschäftsfreund half. Es waren Feh-Felle von zartestem Graublau. Nichts für Grete, die Seiden-Persianer trug. Doch ein Traum für Inge, als sie sich 1936 daraus den Mantel anfertigen ließ.

Für Hamburg gerade richtig. Was in anderen Städten Neid erweckt hätte, galt den Hanseaten, die Patrizier-Tradition und einen gewissen Snobismus kultivierten, als Siegel der Seriosität. Berühmt ist die Wander-Anekdote über eine bereits namhafte Schauspielerin, die in einer Villa eine Wohnung mieten möchte, worauf die Hausherrin dem Mädchen aufträgt: »Bestellen Sie der Dame, an Kaspers vermieten wir nicht!« Und mit einem solchen Prachtstück gehörte man nicht mehr unbedingt zu den »Kaspers«.

Das Problem war lediglich, daß es zu viele Feh-Felle waren, die verarbeitet werden mußten. Aber Inge Meysel wußte die Bürde zu tragen:

»Der Mantel hatte einen viel zu großen Kragen und hinten eine Glocke. Eigentlich ging der Feh-Mantel mit Frau Meysel spazieren, und nicht Frau Meysel mit dem Feh-Mantel. Aber er sah unbeschreiblich aus. Ich war überhaupt eine der elegantesten kleinen Zicken, die es dort gab. Ich war eine ganz schlanke, süße Person mit den süßesten Hüten, mit den entzückendsten Schuhen mit den höchsten Absätzen. Kleider wie eine Puppe. Ich war eine Modepuppe. Aber nicht im schlechten Sinn – ich war einfach wirklich elegant.«

Während in Berlin die Überlebensbedingungen für die Eltern immer enger und bedrängter wurden, war das Hamburger Thalia-Theater eine Oase der Liberalität bis weit in den Krieg hinein. Helmuth Rudolph war ein Liebling des Publikums, und Inge Meysel konnte wenigstens an seinen Erfolgen teilhaben.

Das änderte sich schlagartig, als mit der Spielzeit 1942/43 der Direktor Paul Mundorf abgesetzt und sein Co-Direktor Ernst Leudesdorff als Schauspieler in das Ensemble zurückgestuft wurde. An ihre Stelle trat Robert Meyn vom Schauspielhaus, der – wie sich schnell herumsprach – durch seine guten Kontakte zum Hamburger Gestapo-Chef Graf von Behr-Bassewitz zum Intendanten ernannt worden war.

Meyn, der später im deutschen Nachkriegsfilm vor allem die Trüblinge spielte, erwies sich bereits als solcher, als er frisch im neuen Amt Helmuth Rudolph zu sich bestellte: »Daß ich dafür gesorgt habe, daß Sie weiter u. k. gestellt bleiben, ist doch wohl selbstverständlich. Sie sind doch der Liebling der Hansestadt. Aber Ihre Frau hat dieses Haus nie wieder zu betreten. Und ich bin sehr nett, wenn ich ›Ihre Frau‹ sage. Die weiteren Konsequenzen werden Sie selbst tragen müssen.«

Die Konsequenzen meldeten sich von selber. Irgendwann kam eine Vorladung zur Gestapo in der Rothenbaumchaussee. Und da saß ein kleiner Buchhalter. »Nichts gegen kleine Buchhalter«, legt Inge Meysel Wert auf Präzisierung, »aber an diesem Ort etwas verblüffend, über Menschenschicksale entscheidend.« Und dieser kleine Buchhalter teilte erst einmal mit, daß sie die gemeinsame Wohnung innerhalb einer Woche zu verlassen habe.

Als das Damoklesschwert gefallen war und den dünnen Faden vermeintlicher Sicherheit endgültig durchtrennt hatte, trat an deren Stelle eine andere Sicherheit und Ruhe, stellte sich wieder die Gewißheit ein, die das Kind im Ersten Weltkrieg durch die Pakete aus Dänemark gewonnen hatte – daß sie und ihre Familie überleben würden.

Wer gesegnet war, fand auch im Dritten Reich gute Menschen. Statt der drohenden Verpflichtung in die unterirdische Munitionsfabrik Krümmel bei Lauenburg, kam Inge Meysel erst einmal bei Hermann Gottlieb Schmidt unter, dem Hamburger Generalvertreter von Fichtel & Sachs. Und hier bewies sich die Zauberkraft des Talismans.

»Ich habe Sie doch immer im Theater gesehen«, sagte der blonde Hüne. »Sie tragen ja einen so besonders schönen Feh-Mantel. Der hat meiner Frau immer so gefallen.« Er wollte ihn ihr nicht abknöpfen. Es war der Hamburger Stil, Gediegenheit zu bewundern und zu retten – war es vorläufig auch nur in der Telefon-Zentrale.

Die völlige innere Sicherheit verlieh der Verfemten und gleichzeitig Beschirmten außergewöhnliche Kräfte. Die Zyankali-Kapsel, die ihr Vater für sie wie für die anderen Familienmitglieder besorgt hatte, blieb eiserne Ration. Wenn sie und »Hell« sich heimlich fanden, und er sagte: »Machen wir das Ding doch auf, wir halten es doch nicht mehr aus!«, antwortete sie: »Wenn es so weit ist, ist es immer noch Zeit. Erst mal abwarten!«

Als zwischen dem 24. Juli und dem 3. August 1943 sieben Luftangriffe die Hälfte Hamburgs in Trümmer legten, war ihr Mut nicht kleiner:

»Ich habe Angst gehabt, darüber muß man nicht reden. Aber ich bin in keinen Bunker gegangen, wenn die Bomben fielen. Ich fand den Gedanken schrecklich, mit Menschen, die schreien, zusammen zu sein. Und vielleicht in einem Massengrab zu enden, wenn die Türen nicht mehr aufgegangen wären. Lieber krepiere ich doch alleene wo, nich?«

Es gelang ihr sogar, zweimal nach Berlin durchzukommen, wo ihr Vater in Müggelheim, einem Ortsteil von Köpenick, von seiner treuen früheren Sekretärin Trudchen Meinecke die letzten eineinhalb Jahre im Keller ihres kleinen Hauses versteckt wurde. Es war der Tochter zwar unbegreiflich, wie er das durchstehen konnte. Denn nur wenn es Fliegeralarm gab und alle Nachbarn in den Bunker gingen, konnte er sich über die Kellertreppe ins Freie wagen.

Doch auch ihm gegenüber blieb sie unbeirrbar.

»Es muß mehr brennen, es muß doch schneller gehen, die müssen mehr erreichen«, sagte Julius

Meysel, wenn die »Christbäume« über Berlin aufleuchteten, mit denen die Nachtziele der alliierten Bomber markiert wurden.
Und sie: »Julius, nicht unverschämt werden. Er da oben läßt uns überleben. Bestimme du nicht die Zeit. Das macht er, du hast abzuwarten. Die kriegen uns sowieso nicht. Dazu sind sie zu dumm. Dazu haben wir beide zuviel Gehirn. Die haben wir bisher überlistet, die überlisten wir weiter.«
Inzwischen war Mutter Grete bereits bei ihr in Hamburg. Und das hatte wiederum mit Inges Hirn zu tun. Es gab eine Menge Villen, die leerstanden, weil die nicht kriegswichtigen Bewohner sich irgendwohin aufs Land in Sicherheit gebracht hatten – Villen, die mit Feuerpatsche und Sandsäcken, so gut es ging, vor Fliegerangriffen geschützt werden mußten. Keiner fragte, wer dort wohnte und aufpaßte.
Und als es für Hermann Gottlieb Schmidt zu gefährlich wurde, seine »Konterbande« weiter zu beschäftigen, fand Inge Meysel bei Amanda Baake-Scherping Unterschlupf, einer seiner Kundinnen, die die besonders kriegswichtigen Schrägbänder für die Fallschirme herstellte. Die Arbeit in der Fabrik war nur von kurzer Dauer. Bald führte die neue Kraft einen Job aus, der zwischen Husarenstreich und Eulenspiegelei nur sehr ungenau zu definieren ist.
Amanda Baake-Scherping verfügte auch über eine stattliche Anzahl von Immobilien, deren Beschädi-

gung oder völlige Zerstörung behördlicherseits zu registrieren war. Für diese Behördengänge wurde im letzten Kriegsjahr Inge Meysel eingesetzt, die eine glänzende schauspielerische Leistung abzog:
»Mein ganzer Stolz war, daß ich in allen Ämtern, in die ich kam, und ich mußte in viele gehen, nie ›Heil Hitler‹ gesagt habe. Das war das einzige, was ich wußte: Das schaffen die nie! Ich habe mit meiner kleinen Aktentasche unter dem Arm an der Türe geklopft und habe gesagt: ›Verzeihung, bin ich jetzt wieder falsch? Es ist nämlich schon das dritte Zimmer. Könnten Sie mir helfen, wo das richtige ist? Ich muß den und den Sachbearbeiter finden.‹ Dann haben die den Antrag genommen und gesagt: ›Aber da sind Sie doch richtig!‹ Und ich habe gesagt: ›Gott, bin ich glücklich. Darf ich mich 'n Augenblick setzen? Mir zittern nämlich direkt die Knie. So lange bin ich schon unterwegs.‹ Das habe ich echt durchgehalten.«
Am 3. Mai 1945 kündigte der Hamburger Gauleiter Karl Kaufmann im Rundfunk den Einmarsch der britischen Truppen an und vergaß dabei nicht die heuchlerischen Tränen: »Hamburger, nach heldenhaftem Kampf ist unser Volk dem an Zahl und Material überlegenen Feind ehrenvoll unterlegen. Wenn morgen der Feind Hamburg besetzt, ist dies die schwerste Stunde meines Lebens. Für diese Stunde fordere ich von euch Haltung, Würde und

Disziplin!« Dieser Krieg ist eine nationale Katastrophe für uns und ein Unglück für Europa.«
Doch das war noch nicht die Erlösung. Die kam erst am am selben Tag mittags, als aus dem Radio die Stimme kam: »Hier ist ein Sender der englischen Militärregierung...«
Da erst wußte Inge Meysel, daß der Alptraum zu Ende war: »Ich habe meine Mutter in den Arm genommen und habe gesagt: ›Nun paß mal auf, Gretchen! Von jetzt ab ist alles vorbei. Wenn es jetzt um sechs Uhr morgens klingelt, dann ist es der Milchmann, nicht die Gestapo.‹ Und dann haben wir beide geheult und uns glücklich darüber gefühlt, was dieser englische Quatschkopp da erzählte, der wirklich zum Teil einen furchtbaren Unfug redete...«

Epilog

All diese bewegenden und bestürzenden, unglaublichen und wundersamen Ereignisse hatten – ganz abgesehen von den Prägungen, die bereits das Kind erfahren hatte – in Inge Meysel eine Weltanschauung reifen lassen, die sich in späteren Jahren zu einer Art parabolischem Axiom verdichtete:
»Ich bin ein Mensch, der durch sein Erbe ein Gehirn bekommen hat. Meine Vorfahren sind nämlich durchs Rote Meer gelaufen und haben sich unentwegt umkucken müssen, ob die Gegner schon hinter ihnen her sind oder die Wellen. Und da man dann wirklich schnell läuft und dabei denkt, kann man nicht wütend werden, denn man muß sich ja auf seine Rettung konzentrieren.
Wenn mir die Wellen zu nahe kommen, dann weiß ich, daß ich sehr gut schwimmen kann, und dann schwimme ich oben, oder ich schwimme durch die

Welle durch. Und wenn mir einer zu nahe tritt, dann gehe ich zum Gegenangriff über. Und das bedeutet: Ich schlage nicht zurück, sondern ich suche mir die Schwächen des andern aus. Ich sondiere und frage: Wo liegt *seine* Macke? Und damit haue ich ihn nieder, denn dann ist er wehrlos. Immer vorwärts gehen! Ich bin eine Preußin und eine Bürgerin von Friedrich dem Großen.« Oder auch der schlaue David in der Einschätzung des Riesen Goliath.

Dieser genetische Code, der sich – wenn wir Inge Meysels Selbsteinschätzung folgen wollen – vom Roten Meer bis ins friderizianische Preußen über Jahrtausende angereichert und stabilisiert hatte, wurde in jenem Sommer 1945 allerdings von den Wellenbewegungen der jüngsten Geschichte etwas aus dem Takt gebracht.

Wie überall war auch in Hamburg unmittelbar nach Kriegsende damit begonnen worden, die Kultur, die letzte intakte Liegenschaft eines demoralisierten Volkes, wieder zum Leben zu erwecken. Eine Aktivität, die von allen Besatzungsmächten in seltener Einigkeit gleichermaßen unterstützt wurde.

Die meisten Theater lagen in Trümmern. Doch war man um Ausweichmöglichkeiten nicht verlegen. So wurde für Hugo von Hofmannsthals *Jedermann* die St. Johanniskirche ausersehen, wo das Spiel vom Sterben des reichen Mannes mit Genehmigung der Militärregierung am 28. August 1945 in Szene ging.

Sehr feinsinnig wies die Neue Hamburger Presse auf zwei Darstellerinnen hin, die eben noch verfemt gewesen waren: »Neu sind Ida Ehre, die früher am Nationaltheater in Mannheim wirkte, und Inge Meysel, die aus Leipzig kommt.« Wobei etwa bei der Letzteren der Hinweis gewiß nicht geschadet hätte, daß die Reise von Leipzig nach Hamburg eine sehr lange gewesen war und exakt zwölf Jahre, zwei Monate und vierzehn Tage gedauert hatte.

Doch die Verdrängung funktionierte bereits in der Stunde Null. Das Ensemble war dementsprechend sehr gemischt. Als Inge Meysel, welche des Schuldknechts Weib darzustellen hatte, zur ersten Probe nach tausend Jahren kam, glaubte sie sich in einem mittleren Alptraum befangen.

Regisseur war Wolfgang Liebeneiner, der in längst vergangenen Zeiten von 1938 bis 1945 Leiter der Filmakademie in Berlin-Babelsberg und ab 1942 Produktionschef der UFA gewesen war. Und als Mammon, als personifiziertes Übel, das den Schuldknecht in den Kerker bringt, präsentierte sich liebenswürdig ein alter Kollege: »Guten Tag, wir kennen uns doch, Ritter, Gerhard Ritter.« Jener Ritter, der sie in Leipzig in *Rauhnacht* so gelobt hatte und kurz darauf mit Jüdinnen nicht auf einer Bühne stehen mochte.

Inge Meysel fand, daß sie wohl auf der falschen Hochzeit sei, und gab die Rolle zurück. Doch wurden die Schuldscheine unterschiedlich eingetrieben. Liebeneiner, den sie, subjektiv völlig begreiflich, doch objektiv vielleicht etwas zu pauschal, als Stellvertreter für »entjudetes« Theater und »rein arischen« Film nahm, bekam als »Belasteter« umgehend Arbeitsverbot. Ritter hingegen hatte, wie sich herausstellte, seine wahrhaft christliche Einstellung bereits 1939 bewiesen, als er aus Gewissens- und religiösen Gründen sein Parteiabzeichen zurückgegeben hatte. Er durfte spielen. Und Inge Meysel wollte auch nicht so sein und nahm ihre Rolle wieder in Angriff, ohne weiter groß über das Rote Meer nachzudenken.

Des Schicksals Mächte aber trafen am härtesten einen völlig Unschuldigen. Nach der Schließung der Theater, die Goebbels am 25. Juli 1944 verordnet hatte, um auch noch die letzten Kräfte dem aktiven Kriegsdienst und der Rüstungsindustrie zuführen zu können, war auch Helmuth Rudolph mit anderen Hamburger Kollegen eingezogen worden, erst zum Drill in der Kaserne, dann zum letzten Einsatz in Dänemark. Schließlich landete er in einem englischen Kriegsgefangenenlager in Eiderstadt, wo selbst eine Inge Meysel volle drei Tage brauchte, um ihn freizubekommen – trotz einer amtlichen Bescheinigung, daß seine Freilassung für die Wiederaufnahme des Hamburger Bühnenbetriebs unerläßlich sei.

Zwar wurde nun im Schnellverfahren geheiratet. Doch »Hell« war nicht mehr der alte. Die Jahre der Leiden hatte er vorbildlich mitgetragen. Doch die Schikanen, denen er in den letzten Kriegs- und den ersten Nachkriegsmonaten ausgesetzt war, hatten ihn mürbe und müde gemacht. Um die Fröhlichkeit zu teilen, mit der seine junge, resolute Frau die wiedergewonnene Freiheit und Selbständigkeit genoß, hatte er keine Vitalität überbehalten. Während sie, die unendlich viel nachzuholen hatte, nach der Vorstellung mit anderen Kollegen weiterzog, saß nun er zu Hause und igelte sich ein. Für Inge Meysel eine bittere Erkenntnis: »Wir hatten uns abgenutzt in der Zeit der Sorge.«

Inzwischen war ein anderer Mann in ihr Leben getreten – John Olden, Jahrgang 1918, Theateroffizuier der englischen Militärregierung, der bereits die Aufführung des *Jedermann* betreut hatte.

Es kam, wie es kommen mußte. Doch nicht so, wie die bösen Zungen meinten:

»Ich habe auch mit meinem zweiten Ehemann lange, lange Zeit nichts gehabt – als alle schon dachten, ich bin sozusagen die englische Hure. Nichts, nichts. Ich habe immer Zeit gebraucht für meine Männer.«

Doppelte Verweigerung, für die doppelte Zeit nötig war – um dem einen zu entsagen und zum anderen Vertrauen zu fassen. Doch auch diese Standhaftig-

keit über mehrere Monate beeindruckte die Eltern nicht:
»Sie haben mir die ersten Jahre meines Lebens mit John sehr schwergemacht. Sie haben mich nicht vergessen lassen, daß sie mir die Trennung von ›Hell‹ nie verziehen haben. Seine Anständigkeit haben sie wirklich mit Nibelungentreue gedankt. Und er hat weiter bei ihnen verkehrt.«
Auch mit John Olden wuchs die Beziehung über den Beruf zusammen. Inge Meysel mochte nicht einsehen, daß sie nach der langen Zwangspause nun abermals auf Rollen warten sollte. Sie wollte sofort »mitspielen«. John war sich mit »Hell« in der Sorge einig, daß allzugroße Ungeduld für ihre zweite Karriere verhängnisvoll sein könnte: »Wenn Inge so weitermacht, wird nie was aus ihr. Jedenfalls nicht am Theater.« Und redete ihr ebenso vehement wie vergeblich ins Gewissen.
Doch gab es auch hier bald ein Happy-End. Das Thalia-Theater, das in einem Saal in der Schlankreye in Harvestehude eine Notunterkunft gefunden hatte, bot ihr das mundflinke Kammerkätzchen Dorine in Molières *Tartüff* an. Die Premiere am 17. April 1946 war die eigentliche Wiedergeburt der Schauspielerin und wurde von der Kritik gebührend gewürdigt: »Die Paraderolle der Zofe Dorine lag bei... lag? Nein, hüpfte, tänzelte, äugte sehr keß, sehr beweglich mit Inge Meysel.«

Und weil der Schluß mit der Huldigung des Orgon an die Milde des Königs – »Zu seinen Füßen/ rühmen wir froh die Güte seines Herzens« – als ein bißchen fad empfunden wurde, bekam sie das letzte Wort nachgedichtet, das sie bei niedergehendem Vorhang an die Zuschauer richtete: »Ich bitte mir nun aus/ einen richtigen Applaus./ Sonst erwecken Sie meinen Zorn,/ und wir beginnen das Stück noch einmal von vorn.«

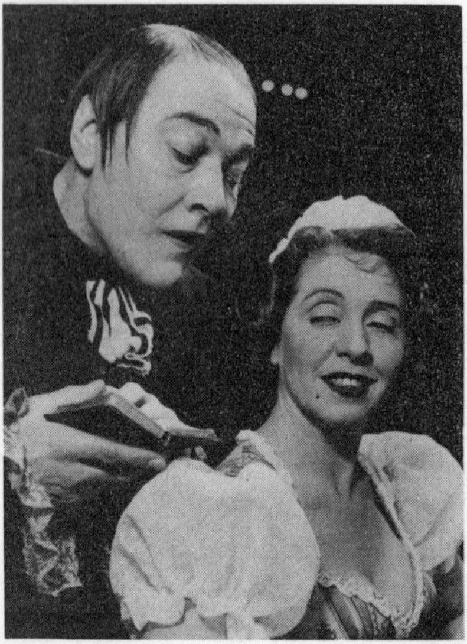

Als Dorine mit Heinz Klevenow in »Tartüff« von Molière, Thalia-Theater, Hamburg 1946

Das war sehr hübsch, aber natürlich geflunkert. Schon John Olden sorgte dafür, daß ab nun das »Stück« immer wieder von vorne begann. Weihnachten 1948 überreichte er ihr ein Album, in dem er alle bisherigen Kritiken versammelt hatte, und das die Widmung trug: »Meinem Ingelein mit toi, toi, toi für die steigend erfolgreiche Fortsetzung dieses Buches in den kommenden Jahren!«

Der Wunsch ging in Erfüllung wie die meisten Wünsche, die von Herzen kommen. Und so wurde Inge Meysel langsam, aber sicher zu der, die sie schon immer gewesen war – zur inzwischen und seither allerdings vielgeliebten und vielbewunderten »Unverbesserlichen«...

Literatur

Albrecht, Günter u. a.: *Deutsches Schriftstellerlexikon.* Weimar 1961

Bauer, Bernhard A.: *Komödiantin – Dirne? Der Künstlerin Leben und Lieben im Lichte der Wahrheit.* Wien–Leipzig 1927

Berliner Illustrirte Zeitung – Facsimile-Querschnitt. Bern–München o. J.

Bernauer, Rudolf: *Das Theater meines Lebens.* Berlin 1955

Brust, Waldemar: *Kinder der Koppenstraße.* Berlin 1989

Chirat, Raymond: *Catalogue des films français de long métrage – Films sonores de fiction 1929–1939,* Bruxelles 1981

Deutsches Bühnenjahrbuch, Jahrgang 1930–1943. Berlin

Ebinger, Blandine: *Blandine...* Zürich 1985

Glatzer, Dieter und Ruth: *Berliner Leben 1900–1914 – eine historische Reportage aus Erinnerungen und Berichten.* Berlin 1986

Haack, Käthe: *In Berlin und anderswo.* München–Berlin 1971

Herking, Ursula: *Danke für die Blumen.* München–Gütersloh–Wien 1973

Hollaender, Friedrich: *Mit eenem Ooge kiekt der Mond – Chansons für ein altes Pianola.* Berlin 1978

Kerr, Alfred: *Mit Schleuder und Harfe – Theaterkritiken aus drei Jahrzehnten.* Berlin 1981

Kiaulehn, Walther: *Berlin – Schicksal einer Weltstadt.* München–Berlin 1958

Klabund (Henschke, Alfred): *Der Kreidekreis.* Zürich 1954

Krull, Edith/Rose, Hans: *Erinnerungen an das Rosetheater.* Berlin 1960

Lehmann, Friedrich Wilhelm: *Berlin-Kaleidoskop 1910–30.* Berlin–Heidelberg 1962
Pacher, Maurus: *Sehn Sie, das war Berlin – Weltstadt nach Noten.* Frankfurt/M.–Berlin 1987
Propyläen Welt der Musik. Berlin–Frankfurt/M. 1989
Richter, Gert: *Die gute alte Zeit im Bild – Alltag im Kaiserreich.* Gütersloh–Berlin–München 1974
Richter, Lukas: *Der Berliner Gassenhauer.* Leipzig o. J.
Rösler, Walter: *Das Chanson im deutschen Kabarett 1901–1933.* Berlin 1980
Die Schaubühne, Jahrgang 1910–1914. Königstein/Ts. 1980
Schneidereit, Otto: *Berlin, wie es weint und lacht.* Berlin 1976
Smith, Amy: *Hermine Körner.* Berlin 1970
Strohmeyer, Klaus (Hg.): *Berlin in Bewegung – literarischer Spaziergang.* Reinbek 1987
Tergit, Gabriele: *Käsebier erobert den Kurfürstendamm.* Frankfurt/M. 1978
Die Weltbühne, Jahrgang 1927–1933. Königstein/Ts. 1978
Willner, Oskar: *Ich hab noch nie gefallen – Schauspieler-Anekdoten.* Wien 1977
Das große Zille-Album. Stuttgart–Hamburg 1957
Zweig, Stefan: *Die Augen des ewigen Bruders.* Wiesbaden 1957

... sowie Tonband-Protokolle, die der Autor mit Inge Meysel zwischen August 1987 und Februar 1989 aufnahm.

Namenregister